冬奥会文化传播与国家形象建构研究

董欣 著

人民体育出版社

图书在版编目（CIP）数据

冬奥会文化传播与国家形象建构研究／董欣著．--北京：人民体育出版社，2023
ISBN 978-7-5009-6362-2

Ⅰ．①冬… Ⅱ．①董… Ⅲ．①冬季奥运会—体育文化—文化传播—关系—国家—形象—研究—中国 Ⅳ．①G811.212②D6

中国国家版本馆CIP数据核字(2023)第189304号

*

人 民 体 育 出 版 社 出 版 发 行
北京中献拓方科技发展有限公司印刷
新 华 书 店 经 销

*

710×1000　16开本　11.75印张　213千字
2023年12月第1版　　2023年12月第1次印刷

*

ISBN 978-7-5009-6362-2
定价：60.00元

社址：北京市东城区体育馆路8号（天坛公园东门）
电话：67151482（发行部）　　　邮编：100061
传真：67151483　　　　　　　　邮购：67118491
网址：www.psphpress.com

（购买本社图书，如遇有缺损页可与邮购部联系）

前言

进入21世纪,经济全球化进程加快,互联网国际化更是带动了全球信息与文化的快速流动与传播。全球化对国际关系的直接影响就是国家之间的相互依存关系更加密切,各国更加关注自身的国际影响力、国际声誉和国际形象。研究国家形象随之成为中国学界的新热点,中国的国家形象也备受中国政府和媒体的重视和关注。

本书以冬奥会跨文化传播过程中塑造国家形象的构建要素为研究对象,运用文献资料法、调查法和案例研究法等,对冬奥会跨文化传播过程中影响国家形象内外部因素的诸多理论和实践问题进行了探讨。

本书共计十章。分为四个部分,第一部分(第一至三章)为理论依据。冬奥会文化传播以国际传播为背景,属于跨文化传播范畴,本书以全球性媒介事件、危机传播事件、文化软实力、跨文化传播等理论为依据对其进行分析。第二部分(第四至五章)为经验总结。第四章解读冬季奥林匹克文化传播的内涵与方式,探究冬奥会文化传播的特征与规律。第五章从历史的角度审视冬奥会文化传播的方式与特点,以传播技术发展的时间为主线,分析大众传播媒介如何有效地利用传播策略和手段,塑造国家形象。第三部分(第六至八章)为现实思考。第六章分析冬奥会文化传播和国家形象塑造的关系。欧美国家在冬奥会竞技体育实力和媒介传播方面具有很强的控制能力,东西方体育文化传播的不平衡态势,造成我国在冬奥会文化传播方面缺失话语权。第七章、第八章分别从冬奥会全球性媒介事件和危机传播事件两个方面探讨影响国家形象塑造的要素,通过典型性案例分析国家形象跨文化传播的障碍、经验与教训。第四部分(第九至十章)为策略部分。第九章阐述北京申办、筹办、举办冬奥会期间,如何弘扬奥林匹克精神,加强中外体育交流,推动东西方体育文化融合,加强国家形象的内部建设,运用"走出去,请进来"的方式,利用好大众传播媒介,讲好中国故事,提供中国智慧和中国方案。第十章提出后冬奥时代国家形象跨文化传播的战略与策略,为相关部门提供决策依据。

  本书的学术创新与学术价值主要体现在两个方面:第一,理论上,运用跨文化传播理论分析冬奥会文化传播的特点、规律。跨文化传播所引发的文化冲突和政治冲突,贯穿于整个冬奥会文化传播的过程中,各种因素交织在一起与国家形象产生联系,影响、制约着举办国家的国际形象。本书从冬奥会文化与国家形象的关系中寻找影响因素,并针对相关因素展开全面分析,厘清各因素之间的关系,形成一个分析国家形象的理论框架。第二,实践上,以索契冬奥会、平昌冬奥会、北京冬奥会为案例的奥运传播研究,以跨文化传播的视角重新审视奥林匹克运动的价值和发展策略。举办城市有效传播本国、本民族文化,不仅有利于更好地传承奥林匹克运动文化,弘扬奥林匹克精神,而且为国家形象塑造提供了中国方案和中国策略,为后冬奥时代我国冰雪运动可持续发展提供了可借鉴的经验。

目录

第一章 绪论 ……………………………………………………（1）

 第一节 研究背景 …………………………………………（1）

 第二节 研究目的与意义 …………………………………（2）

 第三节 研究思路与方法 …………………………………（4）

 第四节 基本观点与创新之处 ……………………………（6）

第二章 研究的理论基础 ………………………………………（9）

 第一节 跨文化传播视角 …………………………………（9）

 第二节 文化软实力视角 …………………………………（12）

第三章 文献综述 ………………………………………………（15）

 第一节 国外研究现状 ……………………………………（15）

 第二节 国内研究现状 ……………………………………（18）

第四章 冬季奥林匹克文化传播的解读 ………………………（23）

 第一节 冬季奥林匹克文化的内涵与性质 ………………（23）

 第二节 冬奥会文化传播的概念与方式 …………………（26）

 第三节 冬奥会文化传播的特征 …………………………（30）

 第四节 冬奥会文化传播的价值 …………………………（33）

第五章　冬奥会文化传播的历史与逻辑 …………………（36）

　　第一节　冰雪运动早期记载与文化传播………………………（36）

　　第二节　冬奥会文化传播的区域化特征………………………（41）

　　第三节　冬奥会文化传播由核心区域向外扩散………………（44）

　　第四节　冬奥会文化传播的多元文化形成阶段………………（49）

　　第五节　中国参与、举办冬奥会对国家形象塑造的意义……（57）

第六章　冬奥会文化传播与国家形象的关系 ………………（63）

　　第一节　冬奥会竞技体育强国的传统优势……………………（63）

　　第二节　西方竞技体育强国的媒介垄断………………………（71）

　　第三节　中国体育话语权的缺失………………………………（75）

　　第四节　文化传播对国家形象塑造的影响……………………（80）

第七章　冬奥会文化传播助推国家形象建构：
　　　　　索契、平昌冬奥会之经验 ………………………………（89）

　　第一节　冬奥会全球性媒介事件与国家形象塑造的关系……（89）

　　第二节　冬奥会全球性媒介事件的案例回顾…………………（92）

第八章　国家形象塑造中的冬奥会危机传播 ………………（106）

　　第一节　体育赛事危机公关的内涵……………………………（106）

　　第二节　体育赛事危机传播的特征与类型……………………（108）

　　第三节　冬奥会危机事件的案例回顾与分析…………………（112）

　　第四节　冬奥会危机公关注意的问题…………………………（116）

　　第五节　冬奥会危机公关的应对策略…………………………（119）

第九章　北京冬奥会：建构和传播我国国家形象 …………（126）

　　第一节　国家形象塑造中冬奥会申办、筹办、举办理念的变化 …（126）

第二节　国家形象塑造中政府的政策导向……………………（137）
第三节　运用视觉文化传播，彰显中国文化自信……………（140）
第四节　利用大众传播媒介，讲好中国故事……………………（146）
第五节　高素质公民形象的构建…………………………………（152）

第十章　中国国家形象传播的策略……………………………（157）

第一节　传播主体：不断完善多元化的传播主体………………（157）
第二节　传播格局：塑造和平发展与负责任大国的国际形象……（159）
第三节　传播手段：注重多种传播手段发挥作用………………（161）
第四节　传播内容：传递中国文化自信，增强国家影响力………（162）
第五节　传播媒介：实现媒介体育话语权………………………（164）
第六节　危机事件：恰当运用重大事件传播国家形象…………（165）

参考文献……………………………………………………………（167）

第一章 绪论

第一节 研究背景

进入21世纪,经济全球化进程加快,互联网国际化更是带动了全球信息与文化的快速流动与传播。文化传播拓展了文化时间和文化空间,技术手段和传播平台为不同国家、不同民族、不同国际社会行为体、不同知识共同体、不同社区、不同人群之间的信息阅读、彼此认知、情感沟通和相互理解创造了人类历史上前所未有的条件,使人类能够更加便利地进入心灵空间,进入一个多元文化互动共生的文明世界。全球化对国际关系的直接影响就是国家之间的相互依存关系更加密切,各国更加关注自身的国际影响力、国际声誉和国际形象。国际关系开始从传统的硬实力关系(经济、军事关系)向关注软实力演变,文化对国际关系具有极为重要的现实建构作用已经成为普遍共识。

研究国家形象是20世纪末以来中国学界的新热点,中国的国家形象也备受中国政府和媒体的重视和关注。中华人民共和国成立初期不被以西方主要大国主导的国际社会认可,随后又由于自身发展存在的问题而屡次遭到国际社会的围堵,在国际交往中举步维艰。1971年中美的"乒乓外交",1979年中国恢复国际奥委会合法席位,1984年中国体育代表团在洛杉矶奥运会的出色表现,1990年中国第一次举办亚运会……特别是2008年北京第一次举办夏季奥运会,它圆了中华民族百年的奥运梦,将永远载入我国体育的史册,也将永远载入中华民族的史册。奥运会的举办彰显大国风采和气势,促进世界对中国巨大进步的高度认同。

2015年7月31日,北京获得了2022年冬奥会的举办权,成为世界上唯一既举办夏季奥运会,又举办冬季奥运会的"双奥城市"。在北京冬奥周期内,中国冰雪实现了跨越式发展。中国体育代表团在本届冬奥会上实现了7个大项、15个分项的全项目参赛,在中国冰雪发展道路上创造了历史。北京申办冬奥会时提出的"三亿人上冰雪"的宏伟愿景,对于普及我国冰雪运动是个非常好的契机,将进一步弘扬奥林匹克精神。举办冬奥会不仅可以提升我国冰雪运动成绩,努力缩短我国与冰雪运动强国的差距,而且可以尽快实现冬季群众健身与冰雪竞技的良性互动。习近平总书记在党的二十大报告中指出:"从现在起,中国共产党的中心任务就是团结带领全国各族人民全面建成社会主义现代化强国、实现第二个百年奋斗目标,以中国式现代化全面推进中华民族伟大复兴。"并明确提出了2035年基本建成体育强国的目标。发展冰雪运动有利于满足群众多样化体育文化需求、推动全民健身和全民健康深度融合,对于建设健康中国和体育强国、促进经济社会发展、实现中华民族伟大复兴的中国梦具有重要意义。

在体育全球化和商业化的推动下,奥运会成为全球性的媒介事件,它使举办国、举办城市成为全球媒体报道的中心和全球公众关注的焦点。奥林匹克文化传播对国家形象的塑造具有举足轻重的作用,通过冬奥会传播塑造国家形象,提升国际影响力,这也是中国积极举办奥运会的重要目的之一。在文化传播全球化体系中,存在严重的跨文化传播不平衡现象,对此,发展中国家需要引起重视,并通过提高自身整体实力来树立和增强自身文化在跨文化传播中的国际话语权。

第二节 研究目的与意义

一、研究目的

本研究期望以国家形象为切入点,将冬奥会作为跨文化传播的场域,旨在探索以西方文化为主导的奥林匹克文化在全球传播体系中是否存在不平衡现象,中国如何突破西方的刻板印象,融入全球化的文化传播体系。

目前中国正处于面向未来高速发展的关键时期,需要通过国家形象的塑造与传播,为自己营造一个良好的国际舆论环境,以及与世界各国和谐互动的友好氛围。从经济学角度来看,冬奥会文化传播的目标是重视冬奥会的成本与效益问题。在冬奥会上创造优异运动成绩的同时,举办冬奥会如何做到投入较少、产出较多、争议较少、覆盖面最广的战略举措是世界各国都在寻找的答案,中国方案和中国智慧将为世界各国提供参考。从传播学角度来看,举办国利用全球性媒介事件，运用大众传播媒介有效地传播国家形象，跨越文化障碍，消除文化差异。从文化学角度来看，冬奥会文化传播的目标是塑造国家形象，维护国家利益。体育在塑造国家形象、传递文化价值方面具有不可低估的作用。对内凝聚人心，振奋民族精神，对外展示国家形象，提高国际声望。从国际关系角度来看，冲突和发展是当今世界的两大特点。在国家形象国际传播过程中，国家是传播的主体，是信息的发出者，也是整个传播过程的主导者。

二、研究意义

1. 理论意义

本研究为冬奥会文化传播与国家形象的关系提供了一个全新的理论框架。这一理论框架从"国家形象的外部环境"和"国家形象的内部建设"两个方面，分析影响国家形象的各种内外部因素，从传播媒介、国际关系角度分析冬奥会文化传播与国家形象的关系。

（1）分析影响国家形象的外部环境。本研究从比较的视角，注重整体研究与个案研究相结合，寻找中西方冬奥会文化传播的差异。以西方文化为主导的奥林匹克文化，在百余年的发展过程中，使冬奥会文化传播呈现不平衡态势，造成我国在冬奥会文化传播过程中缺失话语权。冬奥会文化传播属于跨文化传播，在全世界确立了良好的公益形象，借助北京申办、筹办、举办冬奥会的契机，将中国文化"嵌入"已被国际社会高度认同的奥林匹克文化，求同存异，既可以丰富奥林匹克文化的内涵，更可以促进中国文化在世界的传播，提升我国的文化软实力。

（2）加强国家形象的内部建设。以往研究中奥运会文化传播对于国家形象的建构，主要体现在塑造国家的政治形象和经济形象等国家形象的外部结构。本研究从国家形象的内部结构入手，采取"政府搭台，体育唱戏，全民参与"模式，中国作为一个文化大国，借申办冬奥会之机大力实践可持续发展战略。外部国家形象塑造国际影响力，内部国家形象增强国民的凝聚力与自信心。

（3）以索契冬奥会、平昌冬奥会、北京筹办冬奥会为个案的奥运传播研究，将丰富文化传播学的理论与实践，为体育传播学的理论建构打下坚实的基础。

2. 实践意义

（1）学习国外举办冬奥会的经验。冬奥会作为提高国家、城市知名度和影响力的有效平台，学习欧美国家举办冬奥会的成功经验，对我国申办、筹办、举办冬奥会将有重要的参考价值和借鉴意义。

（2）分析在冬奥会文化传播的过程中，大众传播媒介如何有效地利用传播策略和手段，减缓文化冲突，为不同文化背景的国家提供展示本国文化的舞台。2022年北京冬奥会举办期间，以跨文化传播的视角重新审视奥林匹克运动的价值和发展策略，举办城市有效传播本国、本民族文化，不仅有利于更好地传承奥林匹克运动文化，弘扬奥林匹克精神，而且可以为国家形象塑造提供中国方案和中国策略，为后冬奥时代我国冰雪运动可持续发展提供了可借鉴的经验。

第三节　研究思路与方法

一、研究思路

本课题在论述的过程中将结合多个案例，力求从多个理论视角出发，对冬奥会跨文化传播过程中如何塑造国家形象做出深入解读（图1）。究竟哪些理论能够说明国家形象塑造的要义？

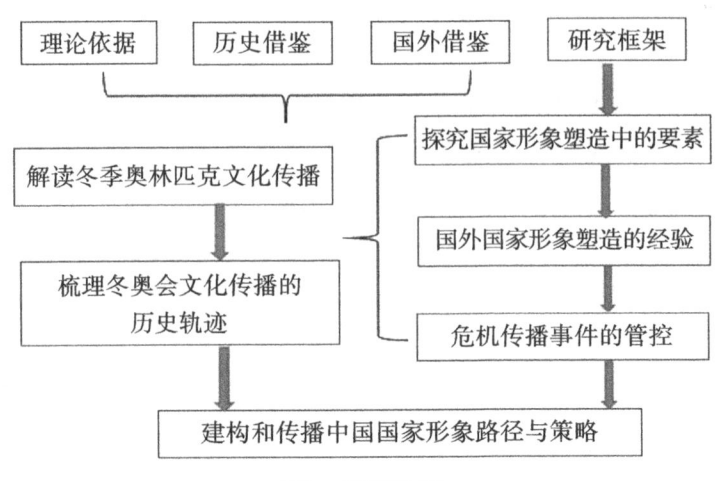

图1　研究思路

（1）为课题的展开提供理论依据。全球性媒介事件、危机传播事件、文化软实力、跨文化传播，这些是本书的微观理论视角。冬奥会文化传播以国际传播为背景，属于跨文化传播范畴。大众传播媒介的作用使冬奥会成为全球性媒介事件，因此冬奥会文化传播是国家形象塑造最重要的传播情境。无论是冬奥会的举办国家还是参赛国家，国家形象是展示本国综合实力的重要舞台，文化软实力是国家形象塑造的核心要素。

（2）经验总结。第四章解读冬季奥林匹克文化传播的内涵与方式，探究冬奥会文化传播的特征与规律。第五章从历史的角度审视冬奥会文化传播的方式与特点，以传播技术发展的时间为主线，分析大众传播媒介如何有效地利用传播策略和手段，塑造国家形象。从冬奥会文化传播的历时性与文化认同的共时性的两个维度总结经验，寻找国家形象定位及其传播的历史坐标。

（3）现实思考。第六章、第七章、第八章是本书的核心内容。第六章分析冬奥会文化传播和国家形象塑造的关系。欧美国家在冬奥会竞技体育实力和媒介传播方面具有很强的控制能力，由于东西方体育文化传播的不平衡态势，造成我国在冬奥会文化传播方面缺失话语权。第七章、第八章分别从冬奥会全球性媒介事件和危机传播事件两个方面探讨影响国家形象塑造的要素。其中，全球性媒介事件具有可控性，危机事件具有非可控性。前者可形成有利的信息流，而后者可能产生不利的"噪音"。通过典型性案例分析国家形象跨文化传播的障碍、经验与教训。

（4）路径困扰和探索。第九章、第十章是报告的策略部分。第九章阐述北京申办、筹办、举办冬奥会期间，如何弘扬奥林匹克精神，加强中外体育交流，推动东西方体育文化融合，加强国家形象的内部建设，运用"走出去，请进来"的方式，利用好大众传播媒介，讲好中国故事，提供中国智慧和中国方案。第十章提出在后冬奥时代国家形象跨文化传播的战略与策略，为相关部门提供决策依据。

二、研究方法

1. 文献资料法

广泛收集和深入处理国内外有关文化传播、冬季奥林匹克运动、国家形象、体育传播等方面的研究资料，并进行系统整理，从文化传播学的视角，对冬奥会发展历史和未来发展趋势进行总结和梳理，这是研究的基础。具体而言，文献资料来源主要包括传播学、国际关系、政治学、文化学等相关领域研究国家形象的著作。通过国际奥委会网站、国际冬季单项体育联合会网站、国家体育总局冬季运动管理中心网站等各种官方网站收集相关资料。

2. 专家访谈法

在阅读前期文献资料的基础上，结合本研究的议题和研究领域，就项目开展的关键问题和亟待解决的问题，利用2017北京冬奥高峰论坛、2018助力冬奥——京津冀科学训练高峰论坛等会议，访谈了北京2022年冬奥会和冬残奥会组织委员会相关专家。访谈的途径主要为面对面交谈，通过这种方式，了解申办、筹办北京冬奥会过程中的关键问题和热点问题。这些访谈客观上有助于研究者掌握研究方向和趋势，避免可能出现的偏差。

3. 案例研究法

本课题选取索契冬奥会、平昌冬奥会作为分析案例进行研究。通过冬奥会传播典型案例分析冬奥会文化与国家形象的关系。通过观看近三届冬奥会开幕式、闭幕式、申办宣传片、纪录片、相关体育赛事，提炼事实材料，分析大众传媒在冬奥会文化传播中发挥的作用，寻找塑造国家形象的手段。着重分析索契冬奥会、平昌冬奥会、北京冬奥会如何利用全球性媒介事件塑造国家形象。

4. 比较研究法

欧美国家在冬奥会项目和规则上占有主导优势，通过分析中西方文化的差异，从大众传媒视角、国际关系视角，综合比较中西方文化的差异所在，分析问题发生机理和危害的异同点等。

第四节　基本观点与创新之处

一、基本观点

（1）冬奥会文化传播属于跨文化传播，以冰雪运动为载体，以西方文化为主导，是冰雪运动与文化和教育相融合的产物。中国文化作为东方文化的代表，拥有许多西方文化所不具备的丰富内涵，借助北京奥运会举办的契机，将中国文化"嵌入"已被国际社会高度认同的奥林匹克文化，既可以丰富奥林匹克文化的内涵，又可以促进中国文化在世界的传播，提升我国的体育文化软实力。因此，冬奥会既是展示国家和民族形象、表现地域文化独特魅力的绝佳舞台，也是中国文化开展全球传播的重要平台。

（2）欧美国家在冬奥会竞技体育实力和媒介传播方面具有很强的控制能力，由于东西方体育文化传播的不平衡态势，造成我国在冬奥会文化传播方面缺失话语权。文化传播的失衡造成东西方体育文化冲突和文化霸权，影响了国家形象的塑造。

（3）国家形象是国家的内部建设和外部环境两方面因素相互作用、影响和形塑的结果。国家内部建设在国家形象的构建中起决定性作用。国家形象建构中需要政府、社会组织、公民共同参与，分工明确，责任到位，细化国家形象传播策略，明确政府在国家形象构建和塑造中的主导地位。

二、创新之处

（1）理论创新。运用跨文化传播理论分析冬奥会文化传播的特点、规律，跨文化传播所引发的文化冲突和政治冲突，贯穿于整个冬奥会文化传播的过程中，各种因素交织在一起与国家形象产生联系，影响、制约着举办国家的国际形象。本研究从冬奥会文化与国家形象的关系中寻找影响因素，并针对相关因素展开全面分析，厘清各因素之间的关系，形成一个分析国家形象的理论框架。

（2）研究视野创新。本研究以文化传播学视野分析冬奥会文化传播与国家形象的关系，冬奥会属于全球性媒介事件，从国际视野的角度看待冬奥会文化传播现象。将国家形象放在全球性媒介事件中，能更清晰地发现问题，寻找解决问题的途径和方法。以往的研究视野更看重意识形态的差异对国家形象呈现的影响，举办奥运会成为政治宣传的工具。一个国家秉持何种理念去塑造自身的形象？如何让国内外的民众认同冬奥会的申办理念？又如何契合国际奥委会提出的《奥林匹克2020议程》改革方案的宗旨？当今世界政治经济文化格局又会对举办国家的形象产生什么影响？

（3）观点创新。由于有理论框架的创新和研究视野的创新为基础，本研究提出了具有独创性的观点。在实践探索上，力图找到一条化解奥林匹克全球性危机的路径，为奥林匹克文化传播的可持续发展提供理论支撑与实践指导。能够提升中国体育的国际话语权，在公共外交和民间外交的平台上确立中国参与国际体育事务的新形象。

第二章 研究的理论基础

第一节 跨文化传播视角

一、跨文化传播理论概述

任何一个国家、民族的特有文化，都是世界文化的有机组成部分，是人类文明宝库中的智慧结晶。人类的文化是相通的、共荣的，但是人类文化也是有差异的，不同文化之间的互动和传播构成了跨文化传播的过程。

跨文化传播是各种文化信息在时间和空间中的流动、共享和互动的过程，主要指涉人类社会中文化要素的扩散、渗透和迁移的现象。正如人的生存离不开空气一样，人类的生活也离不开跨文化传播。它总是和文明世界中人类生活的各个方面交织在一起，是人与人之间、民族与民族之间、国家与国家之间必不可少的活动。作为传播学的一个重要领域，跨文化传播研究主要关注来自不同文化背景的个人、群体或组织之间进行的文化交往，通常发生在不同国家和不同民族之间。跨文化传播旨在研究不同文化背景的人们是如何进行交流以及如何提高交流技巧，突破跨文化交流障碍的方法和途径。

20世纪50年代，美国学者爱德华·霍尔首先提出了跨文化传播，并创立了跨文化传播学。从文化传播的角度看，跨文化传播是加速全球化进程的关键要素之一。在传播全球化体系中，存在严重的跨文化传播不平衡状况，经济发展条件较好、发展速度较快的国家、地区和民族，在文化交流、交往和传播方面占有优势。发展中国家由于传播技术的落后，在跨文化传播中被迫接受了大量外来文化信息，造成价值观的冲突，并使自身的弱势文化被同化。正确认识民族间的文化差异，是减少跨文化传播负面影响，提高跨文化传播效果的前提。

在解决跨文化传播不平衡方面，很多学者提出了实践策略。如高金萍

（2006）指出在文化交流过程中减缓文化冲突，有效地为不同文化的沟通传播搭建平台。跨文化传播活动的目的是寻求"和而不同"的文化繁荣状态。关世杰（2004）认为跨文化交流中的共享价值观是当今多种文化交流过程中追求或接受的价值观。价值观决定着不同民族对客观世界的认知，共享价值观能有效缓解文化差异中的冲突，从而帮助不同文化背景的人们有效地传播其中的理念与内涵，实现不同文化之间的平等对话。张朝霞等（2018）提出全球化背景下跨文化传播中的文化策略。由于文化的民族性与世界性相互渗透、相互关联，一方面，发展中国家、地区和民族要站在民族利益立场上，以宽广的视野关注和参与全球化进程，吸收借鉴人类文明成果，包括西方发达国家创造的现代文明在内的一切优秀文化成果。另一方面，要站在时代和全球化的高度，与时俱进制定自己的民族文化发展战略，将本土与世界、传统与现代、科学与人文有机结合，以适应当代世界文化传播发展的主流。

跨文化传播研究在20世纪80年代被引入我国，早期研究重点为外语教学与文化的关系，后期扩展至传播学的一个分支学科。随着全球化的发展和信息时代的到来，跨文化传播越来越引起中国学者的重视，援引文化学、社会学、心理学、语言学等学科的理论作为跨文化传播理论，并取得一系列的研究成果。语言学、符号学是较早研究跨文化理论的领域，由于语言是一种有组织的、普遍认同的、习得的符号系统，因此成为跨文化传播的重要领域。正如古迪孔斯特所认为的："跨文化传播是一门跨学科的研究领域，不仅需要从已有的跨文化传播的论著中寻找资料，还要从文化人类学、比较社会学、跨文化心理学、跨文化培训、群体关系（心理学和社会学）、国际事条、国际关系、语言学、宗教研究、社会心理学等领域获得帮助。"

20世纪90年代以来，随着全球化的发展，无论是国家层面还是国际层面，经济和文化信息变得越来越集中。一方面，经济全球化促进了不同民族和国家的文化大传播，增进了不同民族和国家的相互了解，世界文化体系出现了冲突与融合的趋势。另一方面，由于大众传媒特别是新媒体日益深入的作用和影响，在全球存在着严重的跨文化传播不对称的现象，出现了文化主权与文化霸权之争，吸引了文化学者、社会学者的关注。

二、跨文化传播理论在体育领域中的应用研究

学者运用跨文化传播理论分析体育现象主要涉及两个领域，一是以西方文化

为代表的奥林匹克运动研究；二是以中国传统文化为代表的跨文化传播研究。

1. 奥林匹克运动跨文化传播研究

起源于西方的奥林匹克运动，在向东方渐进传播的过程中，作为东方文明重要代表的中华文化，对奥林匹克运动的接受经历了从排斥到冲突再到逐步认同最后融合的过程，这是一种典型的跨文化传播。东西方体育文化存在一定的差异性，这种差异性既体现在地域冲突上，也表现在具体的体育项目上。迄今为止，亚洲只有日本、韩国和中国举办过夏季奥运会和冬季奥运会，而在国际奥委会认可的28个夏季奥运会大项和7个冬季奥运会大项中，只有日本的柔道和韩国的跆拳道属于东方体育项目的代表。

2001年7月13日，我国获得第29届奥运会的举办权，围绕着奥林匹克文化的相关研究引起了学者们的关注，我国的体育传播人才短缺成为了一个很现实的问题，一些院校陆续开设了体育新闻等相关专业，新闻传播学与体育学融合研究成为现实，为奥林匹克文化研究开拓了新的视角，也形成了一批具有代表性的成果。如王大中等主编的《体育传播——运动、媒介与社会》运用传播学和社会学理论，从传播学角度分析体育传播的内涵与体育传播对社会的深层意义。把体育运动置于社会和媒介交织的背景中重新审视，力求从社会的变化和媒介的发展中发现体育的社会价值，为体育传播学的发展提供了丰富的理论基础。

体育传播是一个新兴的交叉研究领域，与其他学科相比，体育传播学形成较晚。肖焕禹教授的《体育传播学》是体育传播领域标志性的专著成果，既运用了传播学理论，又有体育学理论成果，运用多学科的视角和方法，结合体育传播的实践，阐述体育传播的基本理论和更深层次的社会意义。对体育传播从业者和理论工作者具有重要的参考价值。中国恢复国际奥委会的合法席位后，竞技体育得到了迅速发展，体育运动与大众传媒的关系越来越紧密，体育新闻传播专业人才的需求不断增长，跨学科背景的专家、学者开展体育新闻传播的深入研究，推动了体育传播学的发展，为体育领域的跨文化研究输送了大量的专业人才。

我国学者对于中西方如何进行跨文化交流，以及产生的文化"误读"等现象的研究已经取得了长足进步。学者从中西方文化差异入手，探究文化在传入或输出的过程中，如何有效地进行跨文化传播，即提升国家形象对跨文化传播能力、技巧的要求。如任海（2007）指出，奥林匹克教育中跨文化传播的特点具有普适性和全球性、民族性和本土性。奥林匹克教育需要将普适的奥林匹克价值与本土的社会背景相结合，跨文化传播在奥林匹克教育中有着特殊重要的意义。肖焕禹（2008）指出，奥林匹克运动已经形成一个跨文化、跨民族、跨国度的世界性文化体系。提出奥林匹克运动跨文化传播发展策略，如避免文化单一化，实现奥林匹克文化的多元共存；媒体要通过多种渠道宣传、普及奥运知识，弘扬奥林匹克精神，塑造良好的国家形象。林小榆（2018）指出，在奥运文化场域中，运动员是展示国家形象的具象群体，其媒介形象是国家形象的重要载体，同时拥有塑造国家形象的多维度途径，来自不同文化背景的各国运动员通过赛场内外的跨文化传播活动，拥有塑造国家形象的可行性。

2. 中国传统体育的跨文化传播研究

以中国传统项目为代表的跨文化传播研究主要集中在太极拳、健身气功等武术项目中。在《中国国家形象全球调查报告2018》中，海外受访者认为武术是最能代表中国文化的元素。崔英敏、黄聪（2003）指出，跨文化传播是武术文化传播发展的重要途径，文化自信与自觉是武术跨文化传播发展的基础。刘有缘等（2019）指出，健身气功跨文化传播是一个漫长的过程。注意在传播过程中既要规避文化中心主义，又要防止文化自戕，被本土文化同化而迷失自我，丧失中国元素。因此中国传统体育在跨文化传播中不可能一蹴而就，在文化传播过程中必然会出现价值观冲突，应构建多元文化交往平台，正视文化差异，整合多方资源，开展文化交流。

有关中国传统体育文化在传播中存在的问题及策略研究。如妥培兴（2017）认为，民族传统体育跨文化传播中的困境为"自我迷失""载体不足""艺术缺失"，提出在"一带一路"跨文化传播过程中，要正视国家之间的差异，培养民族传统体育文化自觉，构建差异化传播模式，提升跨文化传播话语权等策略。艾险峰（2012）指出，在国际体育比赛中，要重视和利用赛场语境下的跨文化交流特质，采取有效的交流策略消除其中可能的各种误读和障碍。

第二节　文化软实力视角

一、文化软实力理论概述

美国哈佛大学教授约瑟夫·奈在20世纪90年代初就提出了"软实力"的概念，他认为一个国家的综合实力分为硬实力和软实力。国家的"硬实力"通过经济、科技、军事实力等表现出来，而"软实力"由文化、价值观、制度吸引力等表现出来。国家形象属于软实力，软实力是国家形象塑造的内核。他在2004年出版了《软实力——国际政治的制胜之道》，书中主要从政治、文化、外交三个方面阐述了软实力。软实力理论的核心是文化魅力，基本要义是靠自身的吸引力发挥作用，而不是通过强制力发挥作用。

骆郁廷（2012）认为，文化软实力是一个国家的文化体现出来的凝聚力、吸引力、影响力。文化在国家内部形成的民族凝聚力和对世界他国形成的吸引力，从内外两个方面构成了国家的文化软实力，提升了国家的综合实力和国际竞争力。文化软实力既是国家软实力的重要构成，也是国家软实力的核心要素。

姚红（2017）认为，文化软实力就是指主体运用文化资源，依托于文化产业和文化事业的实践运作，通过强大的传播媒介和有效的传播方法，作用于国内民众、他国及其民众。习近平总书记在主持中共中央政治局第十二次集体学习时强调，提高国家文化软实力，关系"两个一百年"奋斗目标和中华民族伟大复兴中国梦的实现。建设社会主义文化强国，提高国家文化软实力是关键。

软实力的特性影响着国家形象的可塑性，为国家形象塑造提供了空间。如何提升文化力量以增强中国的综合国力，如何防止西方文化渗透、保护中国的国家文化安全，如何打消其他国家的疑虑、塑造中国良好的国家形象，便构成了中国文化软实力提升研究的国际背景。

二、文化软实力理论在体育领域中的应用研究

一个国家要在体育运动中取胜，就需要有一定的综合实力，这种综合实力不仅需要硬实力，而且需要一定的软实力。当今世界，竞技体育比赛实际上是各国在政治、经济、文化、科技等综合实力上的较量。在北京举办奥运会期间，国人看到了体育文化在全球的影响力，因而引起了国内学者对体育文化软实力研究的兴趣，一些学者探讨了北京奥运会对提升我国软实力的重要作用，从而开始了体育文化软实力的研究。舒盛芳（2008）认为，体育软实力是通过体育运动的某种具体活动表现出的思想、文化的吸引力，以及在行为准则、价值观念、政治制度等方面表现出的精神力量，以促使其他国家受到影响和感染而产生的一种能力。龙建新等（2009）认为，体育文化软实力的核心是体育价值观，其主要表现形式是吸引力、凝聚力、影响力、选择力和排斥力。北京奥运会是展示中国形象的大舞台，为中国本土文化与西方文化近距离交流提供了

平台，为我国体育文化软实力建设提供了机遇。北京奥运会的成功举办提升了我国文化软实力。

　　奥林匹克精神的普适性价值与本国的文化结合，才能真正成为一个国家对内外都能产生影响的体育文化软实力。文化因素是软实力理论的关键要素，所以软实力理论在各国运用于实践过程中，常用于指导国家间的文化关系。体育是文化的重要组成部分，也是提升国家软实力建设的重要载体。袁帅（2008）指出，2008年北京奥运会改变了中国的国际形象和国际地位，是体育软实力的有力展示。朱方（2006）认为，奥运会作为世界上大型的洲际比赛和规模最大的主题性国际文化活动具有焦点效应，其作为世界各国人民表达情感、交流文化的舞台，影响之深之广是许多其他国际性事件无法比拟的。

第三章 文献综述

奥林匹克文化传播是指奥林匹克文化通过奥林匹克运动这一重要途径,以奥运会为重要载体和主要表现形式,被世界各国越来越多的民众接受并对其产生强大影响力的过程。相关研究涉及政治学、国际关系学、新闻学、传播学、公共关系学等诸多学科。

奥林匹克文化传播、国家形象的研究多集中在单向研究上。自冷战以来,世界上许多国家,尤其是美、法、英、日等发达国家非常重视提升本国文化竞争力,利用奥运会等国际大型体育赛事开展文化外交。特别是美国著名学者约瑟夫·奈于20世纪90年代初提出"软实力"概念后,国际上掀起了一股研究文化传播与国家形象的热潮。当代中国与世界研究院在《中国国家形象全球调查报告2018》中提出,历史悠久的文化、充满魅力的东方大国和全球发展的贡献者仍是中国最突出的国家形象。

第一节 国外研究现状

一、有关冬奥会研究现状

通过以Web of Science(WOS)核心合集为数据来源,以"Winter Olympics"为主题词进行检索,时间跨度为2009—2018年,共检索到183篇文献。目前国外冬奥会相关研究主题涉及冬奥休闲体育和冬奥体育旅游研究方向(Hospitality leisure sport tourism)、社会学(Sociology)、体育科学(Sport sciences)、气象科学(Meteorology atmospheric sciences)、历史学(History)、地理学(Geography)、传播学(Communication)、环境学(Environmental studies)、环境科学(Environmental sciences)、地质化学

及地质物理（Geochemistry and Geophysics）、经济学（Economics）、生理学（Physiology）等交叉专题领域（表1）。

表1　国外冬奥会侧重的研究类型

研究类型	主题名称
冬奥休闲、冬奥旅游类	群众冰雪和冰雪旅游研究方向
政治经济文化类	社会学、历史学、经济学
竞赛与服务类	体育科学、气象科学、传播学
环境保护类	环境学、地质化学及地质物理、地理学

例如波普、卡托维兹（Pop I & Kanovici A）等基于大型赛事（夏季、冬季奥运会等）和旅游现象对金砖国家进行了定量的调查，结果得出大型赛事与金砖国家的投入和产出直接相关。斯嘉丽·科内利森（Cornelissen S，2010）调查了5个金砖国家举办的国际体育赛事，有中国（2008年北京奥运会）、印度（2010年英联邦运动会）、南非（2010年FIFA世界杯）、俄罗斯（2014年索契冬奥会）和巴西（2014年 FIFA世界杯），针对三种类型国际体育赛事进行分析，研究结果表明，新兴大国举办大型体育赛事是通过一个共同的议程设置展示经济成就、显示外交地位或软实力的。大型体育赛事是新兴国家政治形象关键的一部分，既是在形式上可以"平等"展示自己的重要舞台，也是凸显国际秩序中话语权对抗性的方式。虽然取得了战略成功，但也往往会给这些国家带来一些物质上的代价。

海丽尔、万纳（Hiller H H & Wanner R A，2008）等人认为，奥运会作为全球最引人瞩目的国际体育赛事，是体育、政治和商业的有机结合，索契冬奥会体现了国家意志，其举办明显反映了俄罗斯的政治经济需要。

山下高行（Yamashita T，2011）认为，日本通过举办札幌冬奥会和长野冬奥会，进一步推动了亚洲国家融入全球化，西方主导的世界秩序影响亚洲民族国家的文化传播。

冰雪运动通过竞赛宣传和推广使更多的人了解并参与其中，在赛事活动中"服务"处于承上启下的中轴环节，它涉及赛前、赛中以及赛后，包括媒体传播、国家形象、体育外交等方面。乔纳森·格里斯（Grix，2012），赵晓斌和张丽（Zhang&Zhao，2009）认为媒体服务，尤其是在赛事报道和爱国意识方面起着至关重要的作用，它具有改善和提升国家或城市品牌形象的功能，并且是当今评判赛事主办方成功与否的核心要素之一。

戈德尔（Gold JR & Gold MM，2013）认为，城市可持续发展成果的关注点是奥运会的核心所在，这是其他体育或文化活动无法比拟的。科赫（Koch N，2018）通过回顾奥运会、世界杯、冬奥会等大型体育活动的举办，回顾了体育如何参与城市地理，分别从后殖民主义体育和近现代体育、体育与城市的身份及归属关系、体育与自由主义及城市关系转型，阐明体育与地理的关系；结论为体育不仅限于地理学家的工作，还考虑了体育地理学、城市地理学和许多其他学科之间的重要重叠关系。格隆斯卡娅等（Gronskaya N，2014）从政治语言学视角分析2014年索契冬奥会在俄罗斯政府领导下开展筹办工作时，面对的国内外的问题与挑战，成为冬奥会相关领域的研究热点。

二、奥运会与国家形象研究现状

在西方学者对奥运会与国家形象建构研究中，奥运会首先被视为一种典型的大型盛事（Mega-event），或称标志性事件（Hallmark event）。里奇（Ritchie，1990）在1984—1991年，对1988年卡尔加里冬季奥运会这一大型赛事进行了长期的研究，评估了奥运会作为一种战略手段对国家形象所起的作用。研究主要涉及当地居民对卡尔加里冬季奥运会的态度，以及冬季奥运会对卡尔加里的形象和国际知名度的影响。寇克莉（Coakley J，2003）对奥运会借助网络语言和符号特征的文化力量进行分析，奥运会所产生的新网络文化现象是建立国家形象定位、促进国家形象符号立体传播的有效媒介，是对国家历史形象、城市形象，以及文化形象的多维塑造。罗坤瑾（Kunjin Luo，2009）探讨了奥运文化传播对国家形象建设的意义，国家形象建设的本质即获得国际社会的广泛认可，奥运会作为一种文化传播的特殊现象，是媒介变迁和文明演进的共时性过程，而国家形象的塑造是文化传播过程中客观存在的差异性反映，因此，奥运文化传播对塑造完美国家形象具有重要的作用。克里斯蒂娜·马格斯（Christina Maags，2014）从体育外交的视角分析了奥运会作为国际文化交流的重要平台，是各国树立国家形象的战略选择，具有跨文化交际的特征，有助于宣扬民族文化，提升国际地位，增强国家的文化软实力。

国外学者的相关研究主要从经济学视阈出发，集中在奥运会与媒体关系的分析上，对发展中国家举办大型体育赛事持否定态度，但在如何充分利用奥运会传播塑造国家形象上缺乏专题研究。

第二节　国内研究现状

一、奥林匹克文化传播研究现状

目前国内涉及奥林匹克文化传播的相关研究视角一般集中在两个方面，一是从大众传媒的视角探讨了大众媒介如何运用技术手段，成为奥林匹克文化传播与国家形象的中介；二是从国际关系角度，分析政府如何运用文化交流手段塑造中国国际形象。

1. 从大众传媒研究视角

奥林匹克文化传播的主渠道是大众传播媒介，郝全梅、侯肇庆（2007）认为奥运会是全球性的媒介事件，它使举办国成为全球媒体报道的中心和全球公众关注的焦点。

肖焕禹（2011）在《体育传播学》中提到，大众传播是指职业传播者和传播机构通过大众传播媒介，主要是纸质媒体、电子媒体、网络媒体和新媒体向大众提供信息、知识、观念、娱乐等的过程。

现代媒介手段对于奥运文化传播的重要性不言而喻，特别是在电视转播技术打破了时间与空间界限之后，视觉文化成为大众传播媒介的主要内容，传播学意义上的视觉文化，需要从传播符号、传播主体和传播媒介等方面进行阐述。这方面研究学者以传播学、新闻学为背景的学者为主，如刘媛媛、陈源（2016）从符号学的理论视角，运用文本分析法对夏季奥运会口号进行研究，认为奥运口号担当了宣传奥运会和促进奥林匹克运动发展的重任，起到传播奥林匹克精神的作用。王琳（2009）从文化传播学的角度，针对北京奥运会开幕式呈现的文化象征符号，审视具有民族特色的民族文化和民族认同。曾庆香等等（2008）认为，北京奥运会开幕式是以仪式符号的形式，对中华民族和奥运精神的具象化展示，引起中华民族认同。汤筠冰（2010）认为，奥运传播是以视觉影像为主导形态的"视觉文化传播"过程。北京奥运会通过电视视频、摄影图片、新媒体、艺术设计等视觉传播形式，对奥运会进行了视像传播与国家形象的视觉建构。袁书营、张颖（2018）认为，2016年里约奥运会闭幕式的"东京8分钟"文化表演的成功之处在于坚定的文化自信与适宜的传播媒介。

2. 从国际关系研究视角

从国际关系的角度来看，文化因素是软实力的关键要素，所以软实力理论在各国运用于实践过程中，常用于指导国家间的文化关系。奥运会提供了各国开展文化外交的平台，体育外交成为重要的国际文化交往活动，是构成国家软实力的核心要素之一。体育外交受到各国政府的重视，并对其进行研究。俞大伟、袁雷等（2017）总结了20世纪80年代以来中国体育外交的历史特点，认为中国体育外交成为配合政治的一大贡献。在和平与发展时代，体育外交要限制霸权蔓延的功能，积极推动体育外交参与国际文化交流活动。徐波（2018）提出，要充分利用重大国际活动平台的影响力，传承弘扬其"精神遗产"，大力开展文化外交，这是有效传播中国形象的重要途径。刘盼盼、刘纯献（2014）分析，习近平主席的索契之行是体育与外交相互融合的又一次创新实践，赋予中国体育外交新的内涵。利用冬奥会的外交平台，加强国家之间的交流，再一次验证中俄全面战略协作伙伴关系的重要性。国际间的人际文化交流是国家实施国际战略和外交政策的手段。各国之间为了本国的利益和目标，需要利用文化交流手段推行本国的战略和政策。体育外交也具有政治色彩，国际大型体育赛事常常被用于大众传播媒介影响外国受众和本国受众，成为公共外交的手段，为外交活动制造舆论。

二、国家形象研究现状

为了有效地了解国内关于奥运会文化传播与国家形象建构研究的总体脉络，通过中国学术期刊全文数据库，以"跨文化传播""国家形象""奥运会""冬奥会"为关键词，检索了相关文献。从文献数量来看，呈逐年增加的趋势，说明奥运会与国家形象方面的研究已经得到了学者的重视。

以"国家形象"为篇名，检索体育领域的期刊文献为133篇，有关奥运会塑造国家形象的相关文献占40%以上（图2）。2005—2009年体育领域有关国家形象的研究都是围绕北京奥运会展开的。学者的研究方向主要集中在传播学、新闻学、体育学相关领域。新闻学、传播学领域的学者主要从传媒的视角，以北京奥运会为媒介事件，讨论体育媒体是如何塑造国家形象的。2010年以后有关国家形象的研究扩展到全球体育赛事传播、中国武术文化对外传播等相关领域，研究内容逐渐丰富。2016年开始出现冬奥会与国家形象的相关文献，因为北京冬奥会申办成功之后，学者开始关注2014年索契冬奥会、2018年平昌冬奥会，目的是为2022年北京冬奥会出谋划策。

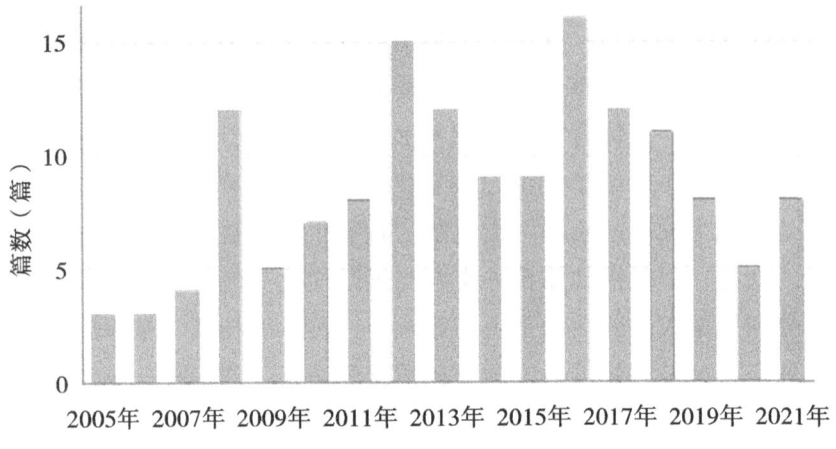

图2 体育研究领域国家形象相关期刊文献

国家形象是在全球化的国际语境背景下讨论的一个概念，其界定主要有两种观点，一种观点认为国家形象即国家的国际形象，研究多从国际关系视角出发。如杨伟芬（2000）认为，国家形象是国际社会公众对一国相对稳定的总体评价。管文虎（2000）认为，国家形象是一个综合体，它是国家的外部公众和内部公众对国家本身、国家行为、国家的各项活动及其成果给予的总体评价和认定，国家形象具有极大的影响力、凝聚力，是一个国家整体实力的体现。另一种观点是从传媒的研究视角，如刘继南、何辉等（2006）认为，国家形象是在物质本源基础之上，人们经由各种媒介，对一国产生的兼具客观性和主观性的总体感知，将大众传播媒介当作了国家形象传播的中介。

有关国家形象的构成要素，何茂春（2006）认为，国家形象分为物质要素和精神要素，物质要素由经济发展、政治地位构成，精神要素由公民素质和社会公德构成，是国家形象的内核。胡晓明（2011）认为，国家形象的构成要素包括物质基础、政治制度、文化理念、意识形态和民族精神等，国家的文化形象是国家软实力的重要构成要素。

国家的本性是追求权力最大化，而国际关系本质上就是国家间的权力斗争。文化传播与一个国家的国际形象在国际、国家和民众三个层次上都存在紧密的内在逻辑互动和理论联系。国家形象包含国内形象和国际形象。有关国家形象的研究存在静态性、重复性，单纯的定性研究偏重于正面的国家形象。

三、奥运会与国家形象关系研究现状

有关奥运会与国家形象关系的研究,以2008年北京奥运会与国家形象相关研究为主,理论成果和积极、正面报道较多。随着2015年北京冬奥会申办成功,冬奥会与国家形象相关研究开始出现,研究成果涉及内容更加具体、丰富。

1. 北京奥运会与国家形象相关研究

围绕着2008年北京奥运会前后,中国学术界针对北京奥运会与国家形象的关系进行了一系列的探讨。传播学和体育学的学者、期刊关注的问题存在一些差异。如传播学、新闻学研究把奥运会作为媒介事件,关注的问题是体育媒体如何塑造国家形象。李凯(2005)认为,奥运会已经发展成为一个媒介事件和全球性文化仪式。北京申奥片和"绿色奥运、科技奥运、人文奥运"理念的提出已经向世界展示了中国的新形象。胡晓明(2011)认为,奥运会是提升国家形象的重要契机,北京奥运会是典型的全球性媒介事件。

体育学研究关注的是,奥运会作为大型国际性体育赛事,如何塑造国家形象。如具体到某届奥运会上,学者已经将视角转移到国家形象建设与传播的有效路径上。董小英等(2005)指出,国外媒体在关注北京奥运会时,讨论最多的主题是政治,与其他三个举办城市(亚特兰大、悉尼、雅典)的报道有明显差异。万晓红(2014)从政治、经济、文化三个维度探讨了奥运传播与国家形象建构的关系与规律,指出政治传播是奥运传播建构国家形象的表象目标,经济传播是奥运传播彰显国家实力的直接证明,文化传播是奥运传播塑造国家形象的最佳途径。易剑东(2007)分析,中国体育代表团形象是国际社会公众对中国体育代表团成员及其各项活动的整体印象和评价,是通过代表团成员的穿着、言行及代表团象征物等作用于公众的思想感情而产生的主观综合印象。

从奥运会文化传播与国家形象塑造视角出发,具体探讨北京奥运会文化传播对国家形象塑造的策略与传播效果,为我国媒体如何做好奥运会报道提供了有价值的借鉴与参考。朱方(2006)认为,2008年北京奥运会是传播中国文化的一个重要的平台。文化传播以大众媒体为主要方式,增强中国媒体在塑造国家形象中的主导作用,与国外媒体建立起良好的公共关系。汤筠冰(2010)认为,奥运传播是以视觉影像为主导形态的视觉文化传播过程。摄影图片成为整个民族的整体记忆,提升了国家形象。新媒体传播成为视觉传播的公共领域。

2. 冬奥会与国家形象相关研究

冬奥会与国家形象的相关研究是从2015年北京冬奥会申办成功之后出现的，如安瑀（2017）将索契冬奥会开幕式"五环变四环"事件作为危机公关的典型代表，从媒体关系角度利用"城市媒体事件"概念进行分析，提出以媒体逻辑引导不可控媒体、合理运用国家形象要素、媒体关系操作人员密切配合及持续进行媒体关系活动等四个方面是其成功扭转舆论、提升国家形象的原因。郭帆（2018）以俄罗斯先后举办的2014年索契冬奥会和2018年男子足球世界杯，探讨大型体育赛事如何展示国家形象。索契冬奥会展示国家在政治、文化、经济方面的成就，凸显了国家文化的张力，足球世界杯突出城市的形象以及文化的互通性。刘东锋（2019）从冬奥会与国家形象的关系入手，运用认知心理学视角的图示理论与关联网络记忆模型，分析了冬奥会影响主办国国家形象的作用机制。冬奥会具有鲜明的品牌形象，要实施积极有效的媒体传播和公关策略，产生积极正面的影响。

第四章　冬季奥林匹克文化传播的解读

第一节　冬季奥林匹克文化的内涵与性质

一、冬季奥林匹克文化的内涵

奥林匹克运动会源于古希腊，重生于19世纪末，经历了几个世纪的发展，如今的奥林匹克大家庭中，有夏季奥林匹克运动会、冬季奥林匹克运动会、夏季青年奥林匹克运动会、冬季青年奥林匹克运动会等成员，而冬季奥林匹克运动会则是现代奥林匹克运动会和冰雪运动发展到一定程度后相结合的产物。

冬季奥林匹克运动会是冬季体育运动项目最高层次的国际综合性赛会，是国际奥林匹克的组成部分。冬季奥林匹克文化以冰雪运动为载体，以欧美文化为主导，是冰雪运动与文化和教育相融合的产物。冬季奥林匹克运动是奥林匹克文化的组成部分，奥林匹克文化源于古希腊文化，伴随古代与现代奥林匹克运动的发展，不断被注入新的内容和精神。广义的奥林匹克文化，包括奥林匹克运动的全部思想体系和活动内容，是奥林匹克运动在实践过程中创造的物质与精神财富的总和。

冬季奥林匹克运动的物质文化是指冬季奥林匹克运动对人体技能的改造、发展，以及所采用的各类场馆、器材等物质文化设施和由此产生的文化形态。北京冬奥会之后，留下的物质文化遗产提升了国人的生活品质，如北京、延庆、张家口三个赛区之间修建高铁等交通轨道，在奥林匹克公园附近新建一座国家速滑馆和训练馆，还有改建之后的冰立方，这些场馆在赛后都成为了北京市民大众健身的重要场所，为我国冰雪运动普及和成绩的提高提供坚实的物质基础，延庆、崇礼滑雪场的建设也带动了京津冀地区冰雪产业的发展。

冬季奥林匹克运动的精神文化是指冬季奥林匹克运动对人的内心世界、社会行为的影响，以及与之相关的各项文化形态。举办一届冬奥会，使中国的普通百姓更好地参与冰雪、融入冰雪，享受冰雪带给人们的激情与快乐，在冰雪运动体验中实现自己更高的人生价值，形成健康的生活方式和行为习惯。

二、冬季奥林匹克文化的性质

（一）冬季奥林匹克文化是以冰雪运动为载体的运动文化

冰雪运动是人们借助工具在冰上与雪地上进行的各种体育活动的总称。通过不断挖掘人的运动潜能和锤炼日臻精湛的冰雪运动技能，冰雪运动开始从生产活动中分离出来，独立地作为文化活动登上社会生活舞台。17世纪初滑冰运动形成，17世纪中叶滑雪运动形成，18世纪初滑冰运动在欧洲、美洲已广泛流行，19世纪末滑冰成为国际性的比赛项目，滑雪也在19世纪通过中欧传到了世界各地。纵观世界冰雪文化，它是以冰雪运动或冰雪活动为先导，以民俗和地域特色文化为内容，以旅游和居民参与为形式，以文化交流为背景，以活跃经济为动力展开的。今天，这一文化现象已是欧亚大陆、北美大陆、东亚次大陆等地人们的共同文化财富。

冬季奥林匹克文化是人类征服自然的智慧聚集和结晶，是地域色彩的浓缩与提炼，更是人类文明发展的拓展与延续。冬季奥林匹克文化是一种无国界的文化形式，它以一种自身的符号和魅力感召着全世界人们的聚集和参与，它用一种文化强大外延和深刻内涵的大概念时刻感染着人类物质文明与精神文明的高度发展进程，并在奥运五环的指引下共享冰雪文化给人类带来的豪门盛宴，使全世界人们都融入全球冰雪活动中。

（二）冬季奥林匹克文化是以欧美文化为主体的多元文化

冬季奥林匹克文化是世界各民族文化相互渗透和融合发展的结果，是东西方人文思想与和谐精神在奥运会上的体现。奥林匹克运动在纵深推进的全球化过程中，始终以西方体育文化为主导，非西方体育文化逐渐靠拢。顾拜旦创办现代奥运会时，主张奥运会必须具备世界性，但奥林匹克思想始终没有跨出西方社会文化背景。由于欧美中心主义的历史惯性，冬奥会一直沿袭欧美文化的烙印，欧美国家在冬奥会的运动项目设置上占据主导地位，深深影响着世界各国冬季运动的发展。冬季奥林匹克文化凝聚了西方文化的精华，属于世界先进文化的一部分。

奥林匹克运动是一个动态发展的、开放的世界性文化体系，它需要不断从世界各个民族的文化中汲取有益的养分来丰富自己的内容。在这个全球文化体系中，东方与西方、传统与现代汇聚一处，融为一体，五大洲各个国家和地区绚丽多姿的民族文化为它提供了取之不尽、用之不竭的文化源泉。奥林匹克运动发展到今天，必须树立对不同文化加以包容和理解的共同意识，全世界文化的多样性才能构成人类文化百花齐放的壮丽图景。诞生于西方文化中的奥林匹克运动需要从东方体育思想、价值观和运动形式中汲取有益的养分，才能使奥林匹克运动真正成为跨文化、跨民族、跨国度的世界性文化体系。除欧美国家之外，只有亚洲的日本、韩国和中国三个国家承办过冬奥会，但冬奥会的参赛国逐届增加，2018年平昌冬奥会有92个国家和地区，2833名运动员参赛，比1924年第一届法国夏蒙尼冬奥会的16个国家和地区的258名运动员参赛，增加了约10倍的运动员和5倍的国家数量，举办过冬奥会的城市也达到了21个。北京举办冬奥会既有丰富的中国文化元素、鲜明的中国印记，更有东西方文化交汇融合的文化创新。人类已经进入了一个多种文化相互影响、竞争共处并相互适应的时代，奥林匹克运动的全球化推动了多元文化的交流，多元文化的交流又促进了冬奥会文化呈现多样化、跨文化的趋势，正如国际奥委会所倡导的，"奥林匹克运动所推崇的绝不是一种标准的现代化或文化的单一化，更非欧洲化或西方化，未来的奥林匹克运动既是多元文化也是跨文化的形态"。

（三）冬季奥林匹克文化是以普及冰雪运动为目的的教育文化

冬季奥林匹克文化的核心是教育，通过竞技体育培养人的和谐发展，进而促进社会文明与世界和平。冬季奥林匹克教育是奥林匹克教育的重要组成部分，是指将冬季运动、冰雪文化和社会教育融为一体，通过多视角、多形态、多元化展现冰雪运动文化特征的教育。顾拜旦是人文主义者，他提倡"人人享有普遍的体育教育，培养其勇猛及大度的性格，展示其美学与文学的才能，使之成为民族发展和家庭幸福的动力"。

北京申办冬奥会时，向世界承诺要实现"三亿人参与冰雪运动"的目标，以此推动我国青少年参与冰雪活动，扩大我国冰雪运动参与人口。"三亿人上冰雪"的主体是青少年群体，以青少年为重点，全力引导大众参与冰雪运动，推广冰雪健身休闲项目，丰富冰雪赛事活动，满足大众多层次、多样化参与冰雪运动的需求。

学校教育的核心目标是培养德智体美劳全面发展的青少年，而学生时期是学习冰雪运动技能的最佳阶段。在学校教育环境内，当青少年参与冰雪活动时，有专任教师进行指导，可以学习到标准的冰雪运动技术，并有相关的安全知识教育。学生在掌握了冰雪运动技能后，才能体验到冰雪运动所带来的快乐感受。冰雪运动教育不仅能增强学生体质、促进健康，而且这种运动带来的快乐体验，更容易激发青少年参与冰雪运动的热情，获得今后持续参与运动的动力，成为终身体育的重要来源，以此推动我国冰雪运动大众化。冰雪运动进校园是提升青少年对冰雪项目的认知度和参与度的最佳方式。

冬季奥林匹克文化实质是激励人们拼搏进取、奋力向上，维护人的尊严，推动社会和平进步的文化。现代奥运会是人类历史上迄今为止规模最庞大、内容最精彩、影响最广泛的世界性体育与文化盛典。冬奥会的冰球项目是最具观赏性的集体项目，通常作为冬奥会的压轴大戏展现给观众。国际奥委会为了吸引北美冰球联赛的职业球员们参赛，多次与北美冰球联盟谈判，目的是提高冬奥会冰球项目的观赏性，进而争夺观众和广告。NHL是全世界最高层级的职业冰球比赛，是北美四大职业运动之一，并以其巨大的球迷数量和强大的社会影响力发展成为一个庞大而完整的冰球产业。这样的强强联合使冬季奥林匹克运动影响力更大。

第二节　冬奥会文化传播的概念与方式

一、冬奥会文化传播的概念

传播就是信息的流动过程。早期"传播"的概念强调的是信息的单向传递和意义再造。随着信息技术手段的发展，"传播"的内涵发生了变化，除了单向的传播与分享之外，有了另一层含义——双向的或共同的互动交流。从实践层面而言，"传播"就是人类运用符号并经由媒介来交流信息、传递感情和意义的特殊的社会实践活动。从此概念可以看出，首先，"传播"就是传递既有的意义和价值，其核心在于如何使这些意义和价值深入人心，进而形成对意义的控制。其次,"传播"就是一个学习、创造、分享和交流的过程,传播本身就是意义产生和改变的"场所"和载体。因此,传播不是简单的输出信息,而是负载着符号信息的双向互动。

随着信息时代的到来,文化传播实践更趋多元化。从广播电视、图书杂志到电脑、手机,借助一定媒介手段进行信息传递和交流的传播实践渗透我们社会生活的方方面面。符号是信息的外在形式或物质载体,是信息表达和传播中不可缺少的一种基本要素。主要包括奥运五环、会徽、吉祥物、火炬、体育图标等,并逐步成为承载奥运精神的文化符号。

冬奥会是国际体育赛事,传播方式属于国际传播的跨文化传播。国际传播是指特定的国家或社会集团通过大众传播媒介面向其他国家或地区受众所进行的跨国传播或全球范围传播。

冬奥会文化传播是文化传播的下位概念,也属于体育传播的范畴,体育传播是以体育运动或比赛为载体的交流和交换信息的行为。冬奥会文化传播是以冰雪运动为载体,是全球性的冰雪体育赛事中所发生的文化传播行为或现象。

二、冬奥会文化传播的阶段

文化传播是人类社会长期发展的产物。冰雪文化是一种无国界的文化形式,它以自身的符号和魅力感召着全世界人们的聚集和参与,是在奥运五环的指引下共享冰雪运动给人类所带来的文化盛宴。冰雪运动作为冬奥会文化传播的内容,其传播方式主要经历了口语传播、文字传播、印刷传播、电子传播和网络传播五个阶段。

(一)口语传播阶段

口语传播是人类传播活动的第一个发展阶段。在冰雪运动文化传播历程中,语言的产生是人类文化传播的开端,也是文化传播研究的逻辑起点。冰雪运动技能的传播主要是个人与个人之间、个人与群体之间、群体与群体等人际间的口语传播。这种体育传播一般是在少数人、小空间内进行的不规则的、信息表达不规范的一种活动,但其信息反馈及时、灵活,传、受双方的角色可以随时交替。如教练员和运动员在训练或赛场上,通过口头语言和肢体语言进行短暂的技术、战术等体育信息的传播。由于口语传播受到空间和时间的巨大限制，它只能在近距离和较小范围内进行。由此可见，口语传播存在明显的局限性，而且传播转瞬即逝，记录性较差。

（二）文字传播阶段

与口语传播不同，文字传播的特征显著地体现在它的历时性上。文字传播使冰雪运动信息得以保存，运动技能的传授以文字的形式传播出去。如《满洲老档秘录》记载，公元1625年（明熹宗天启五年）正月初二，东北建州女真族首领努尔哈赤在太子河上与众人举行冰上"玩赏踢球之戏"和"等距离跑之"，这应该是中国有文献记载的第一次冰上运动会。

文字传播能够长期保存信息，打破空间和距离的限制，使冰雪运动的传承有了确切可靠的资料和文献依据，在一定程度上克服了口语传播的劣势。

（三）印刷传播阶段

印刷品的出现，大大激发了人们的求知欲，从而推动了教育的发展、文化的普及，以及科学的启蒙和社会的进步。印刷媒介的书籍、报纸、杂志等出版物作为人们每天获得信息、知识、娱乐的基本渠道之一，对社会生活的各个方面都发生着越来越重大的作用和影响。随着大众化报刊的急剧发展，体育传播完成了从人际传播向大众传播的转变，大众化报纸开始大篇幅报道体育新闻，以宣传体育赛事为目的的体育信息开始出现在报纸上。随着体育的国际化传播，印刷媒体借助大型体育赛事吸引受众群体，但随着体育受众获取信息渠道的多元化，单纯的体育报纸、杂志已很难满足读者需要，电子媒体和网络媒体的发展，迫使纸质媒体不断更新版面，增强视觉冲击力来吸引受众，通过深度报道和评论内容，提高体育赛事的吸引力，体育赛事文化传播的快速发展也加速了冰雪运动的普及，吸引了一批受众群体。

（四）电子传播阶段

大众传播媒介的发展为体育赛事带来了永久性的改变。19世纪末无线电技术的出现，20世纪初广播的产生，均革命性地改变了人们的信息交流方式。20世纪30—40年代，电视开始介入体育新闻的传播，给受众带来了全新的视觉冲击。卫星技术出现后，极大地方便了大型体育赛事的传播。

广播体育新闻的诞生使得体育新闻的时效性大大增强，电视媒介以其集图像、声音于一体的优势使人类文化传播的内容表现得更加丰富、感觉更加直观、依据更加可靠，使体育比赛以图像和声音结合的形式呈现在人们面前，是冬奥会等重大赛事传播的主力媒介。卫星通信技术以及卫星广播、卫星电视的发展和普及，使大面积的跨国传播和全球传播成为可能。1960年斯阔谷冬奥会，美国奥组委第一次出售了电视转播权，将915分钟的电视画面重点给了冰球、速度滑冰、花样滑冰、高山滑雪和跳台滑雪项目，结果大获欢迎。

大众传媒能够通过信息的大量生产、复制和大面积传播，在短时间内将信息传遍整个社会，传到全世界，造成普遍的信息声势。虽然印刷媒体对国际间的新闻传递缺乏优势，但是对深层次的文化和科技信息的传递有很大的优势。广播的传播速度快、费用低廉、覆盖面广等特点，使其在国际传播方面优于印刷媒体。电视媒介既是一项将图像、声音、文字、音响等多种符号相结合的技术，也是一门视觉文化传达的艺术。图像处理技术的优劣直接影响节目的质量和收视效果。现代高度发达的电子技术为电视图像处理提供了必要的技术保障。

（五）网络传播阶段

网络传播是指以计算机通信网络为基础，在网络的平台上进行信息的交流互动。它融合了几乎所有传播方式、手段的传播特征。网络传播打破了原始三大传播媒介，即报纸、广播、电视的垄断，使不同文化之间有了交流的可能，也打破了地域的限制，使得全世界的人们可以在一个没有空间、时间等方面限制的虚拟平台上展开思想的碰撞与交流，并且即时即刻地进行信息的传播。

网络传播融合了大众传播的单向功能和人际传播的双向功能的信息传播特征，在总体上形成一种散布型网状传播结构。网络传播所创造的虚拟平台使文化交流可以跨越空间、时间进行交流，促进了文化的发展与进步。由于平台信息的庞杂，不良信息的传播也会对文化起到负面影响。因网络的高覆盖性和普及率，极有可能形成文化的垄断，甚至达到左右文化和观念的程度。而网络也会造成信息爆炸，如舆论点、流言旋涡等，进而对文化传播产生影响。而且网络传播对文化的功能是双向的，可以促进文化的发展，也可以使文化的发展走向歧途。2006年意大利都灵第二十届冬奥会，由于通信及网络技术的进步，18个国家的观众第一次可以通过手机观看冬奥会的赛事转播。

网络媒体具有的多媒体特性、数据库存储量大、检索便捷、信息制作过程的低成本等种种优势吸引了各式各样内容报道的加入，2013年，新浪体育开创了新浪体育网络电视台，24小时不间断运行，还可以随时点播视频，这对传统体育电视媒介也是一大冲击。

随着智能手机、平板电脑的不断普及，PC和手持终端已经大幅分流了传统体育电视的收视率。基于互联网平台和渠道的网络视频具备随时、随地、海量、免费、多屏、社交、移动、个性化等技术和业务优势，智能手机和平板电脑正在成为受众获取体育信息的主要渠道，网络媒体在新技术的加持下，让观众同时在多个场次间切换收看、设置自己喜欢的观看角度等需求的实现成为可能，使得观众在收看比赛时享有更多的主动性和选择性。在信息碎片化时代，每一个受众都是自媒体，他们不希望被动地接受信息，而是希望能够参与到体育信息的传播过程中，发表观点并得到反馈，实时互动，从而获得好的用户体验。以微博、微信、抖音为代表的社交媒体更好地满足了受众的需求，这将会对传统的体育电视媒体产生影响，使受众越来越趋向新媒体。

文化传播的五个阶段各有特色、不断发展，它们将在国际传播中作为主要媒介，在冬奥会文化传播中充当重要舆论工具的角色。

第三节　冬奥会文化传播的特征

一、冬奥会是奥林匹克文化传播的主要平台

冬奥会是世界上规模最大的冬季综合性运动会，四年一度的冰雪盛会也是奥林匹克文化传播的重要平台。在此期间，全球媒体聚焦冬奥会，举办国、举办城市提前7年开始筹备，冬奥会成为全球媒介事件，成为世界各国关注的中心，成为一场全世界的媒体盛宴。众多的媒体和公众汇集于此，为奥林匹克文化传播提供了充分条件。冬奥会汇集了冰雪运动的爱好者，为各国运动员展示运动技能提供了平台，同时吸引了众多的观众和来自各国的冰雪爱好者到现场观看比赛。同时，各国媒体派出记者到冬奥会举办城市，报道举办城市的风土人情、地域文化，成为宣传举办城市形象的主要方式。比如，俄罗斯索契在举办2014年冬奥会之前，还是一个不为人知的海边度假小镇，通过举办冬奥会，让世界各国人民认识了索契，也使其一度成为炙手可热的旅游度假胜地。这就

是大型体育赛事带给举办城市的重要影响力。此外，冬奥会是各国展示综合实力的舞台，参赛选手是各国竞技体育的精英，更能激发各国通过冬奥会展示自身的竞技体育实力。

二、冬奥会文化传播具有鲜明的仪式传播特征

奥林匹克仪式是指围绕奥运会而举行的一系列礼仪性活动，是人们在参与奥运会活动过程中所遵循的一整套表现尊敬、教育和审美意义的行为准则和规范，主要有圣火传递仪式、奥运会开幕式和闭幕式，以及颁奖仪式等，属于程序化的仪式设置。在冬奥会开幕式等仪式中，冰雪元素无处不在，如2014年索契冬奥会开幕式的雪花状五环、吉祥物北极熊，展现了冬奥会举办国鲜明的文化特色。北京冬奥会更是由一朵"雪花"贯穿整场开幕式，文化创意以雪花为主题，渗透到仪式传播的每个环节。借助现代大众传媒，奥运会、世界杯等国际大型体育赛事将其仪式活动全程同步地展现给全世界范围的观众，让那些"不在场"的观众也有机会融入其中，感受全球仪式的赛事盛宴。国际大型体育赛事的仪式意义在于它为来自不同国家、民族乃至不同文化阶层的人们提供了一个共同展示形象与竞赛、交流的机会。不仅是观众和运动员在一个仪式化的民族国家共同体中聚会，也是不同的民族国家在一个仪式化的世界共同体中的欢聚。而国际体育赛事的一些程序化的仪式是确保赛事规范运作，为赛事增加庄严、神圣、严肃气氛的基本保障，这些往往成为各类媒体广泛报道的焦点。当运动员或者运动队赢得奖牌时，颁奖仪式是在升国旗和奏国歌中完成的。当媒体转播颁奖仪式时，摄像机镜头聚焦领奖运动员激动的泪水，他们为国家赢得了荣誉。而且，奥运会开幕式包括壮观的运动员和教练员入场式，他们以国家为单位依次入场。通常情况下，每个运动员的服装展示了各自国家的传统装束和颜色。北京冬奥会开幕式上各国代表团服饰成为仪式亮点，如意大利代表团服饰颜色与国旗绿白红三色呼应搭配；中国代表团的服饰为传统中国红色，红色是中国传统礼仪中的主色调，红大衣采用收腰设计，时尚感十足，呈现中国文化与奥林匹克文化的完美融合。

仪式所展示的是群体的规范，呈现出奥林匹克运动的核心价值。声势浩大的火炬接力活动不仅唤起了全世界人民对奥林匹克的热情、传播了奥林匹克的精神，也成为每一个国家、每一座城市借以团结本地区人民的重大机遇，有幸承担这个使命的著名人士及参与此项活动的普通民众更将其视为人生中最为难得的至

高荣誉。而与奥运相关的媒体报道会早早地做预热和铺垫，介绍本国观众关注的赛事情况、本国主力运动员的状态，举办城市的风光、场馆的布局，在比赛过程中更是全程跟踪，如赛场规则、入场仪式、开幕式程序等连篇累牍的介绍，都在无形中强化了奥运仪式的"文化场域"影响力，成为全体国人共同的记忆。

三、奥林匹克精神是冬奥会文化传播的核心价值

奥林匹克精神是在奥林匹克运动实践中符合奥林匹克主义的种种表现和激励因素。奥运会是具有鲜明人文价值的体育综合赛事，其充满人文精神的奥林匹克理念得到社会的广泛认同。奥林匹克主义是将身、心和精神方面的各种品质均衡地结合起来并使之得到提高的一种人生哲学。它将体育运动与文化和教育融为一体。奥林匹克主义所要开创的人生道路是以奋斗中所体验到的乐趣、优秀榜样的教育价值，和对一般伦理的基本原则的尊敬为基础的。奥林匹克运动的宗旨是通过没有任何歧视的奥林匹克精神，以友谊、团结和公平精神互相了解的体育活动教育青年，为建立一个和平美好的世界做出贡献。

冬奥会为全世界的冰雪精英们提供了一个舞台，来展示他们在自然条件下挑战自我、追求卓越，在公平竞争的环境下体验运动所带来的成就感，而这些优秀运动员的榜样作用，将推动冰雪运动项目的普及，吸引青少年参与冰雪运动，青少年掌握冰雪运动技能，在运动中体验乐趣，树立积极向上的生活态度和良好的行为方式，有利于青少年的个性张扬与人格塑造。在比赛中使青少年学会遵守规则，懂得团结协作，懂得体育永不放弃的精神，形成良好的集体荣誉感和社会责任感。16天的冬奥会带给举办国、举办城市永久的集体记忆，但真正传承下来的是奥林匹克精神，因大型国际体育赛事改善的区域间的交通设施、体育场馆等冬奥会遗产，掀起群众参与冰雪的热情，吸引更多的社会资本进入冰雪市场，推动冰雪产业的发展。

四、大众传播媒介是冬奥会文化传播的主要手段

大众传播媒介使国际奥委会摆脱了半个多世纪的经济困扰，赞助商、赛事转播商成为国际奥委会的合作伙伴，推动了冬奥会文化传播影响力的发展，各国政府关注到冬奥会的商业价值和体育全球化的舆论环境。大众传媒成为冬奥会文化传播的主要媒介，因此大众传媒手段的丰富、技术的革新、效能的提高

使跨国界的、远距离的传播成为可能，也加速了信息的全球化发展。电视媒介以其集图像、声音、文字、音响等多种符号形式于一体，感染力强等优势，成为冬奥会等国际体育赛事传播的主力媒介。大众传媒使大众文化得以传播，不同国家的人可以同时欣赏同一场比赛、同一场开幕式，人们看到的奥运会是经过媒介过滤的奥运会，通过视觉传播技术的运用，国家、民族的疆界消失了，形成了人类的共同记忆。通过大众传播的各种技术手段，拉近了国际大型体育赛事与观众的距离，冬奥会文化传播使大众文化得以普及，受到世界各国的广泛关注。

五、国家形象塑造是举办国文化传播的重要内容

在全球化时代的国际竞争中，国家形象传播被提到国家战略的高度。冬奥会作为全球性媒介事件，其文化传播对举办国的国家形象塑造具有举足轻重的作用，世界各国无不高度重视利用这个特殊的机遇，建构和塑造本国形象。大众媒体可以通过大众舆论影响举办国的国家形象。各国政府都会抓住契机，亲力亲为支持奥运会，如日本前首相安倍晋三在2016年里约奥运会闭幕式上的"东京8分钟"表演中，他在节目的最后化身马里奥从玛丽水管中出现，成为了节目压轴最亮眼的一幕。利用奥运会这个平台，积极传播本国的文化、价值观等也就成为国家之间博弈的手段，奥运会不止是拉动经济增长的一个重要工具，更是宣传举办国文化特色、提升举办国形象的重要手段。

第四节 冬奥会文化传播的价值

一、有利于东西方文化的融合，促进人类社会和谐发展

冬季奥林匹克文化是以欧美为主导的文化，无论从竞技水平，还是冰雪文化的传承，中国都不具有优势。近年来，随着冬奥会申办热情的骤减，我国政府积极支持申办冬奥会，目的是为东西方文化交流搭建一个平台，有助于不同文化的交融。奥林匹克运动是平等竞争的多元文化，它倡导多元文化的相互竞争，它关系到一个人、一个民族、一个社会、一个国家的精神面貌、道德情操、认识水准和创新能力。奥林匹克运动的竞争是高尚的文明竞争，参加比赛

的运动员通过刻苦训练，不断提高自己的运动技能、心理水平、战术意识、团队精神。各国运动员在普遍认同的规则下，完成为国出战的任务，为人类社会和谐发展起到积极的作用。虽然文化有先进与落后、强势与弱势之分，既有社会制度方面的差异，也有价值观念的差异，不可避免地会发生矛盾。但奥林匹克精神是在奥林匹克运动实践中，经过世界各国认同的普世价值观念，符合奥林匹克主义的种种表现和激励因素。

二、有利于普及奥林匹克教育

教育是现代奥林匹克运动永恒不变的思想内涵。奥林匹克运动之所以对社会的和平、进步能够产生积极影响，在于它具有强大的教育功能。奥运会志愿者是奥林匹克精神的体现，体育赛事的成功举办，离不开志愿者在各个岗位上默默地付出，他们无疑是普及奥林匹克教育的生力军。如2008年北京奥运会、残奥会被称为"中国志愿者元年"。2005年6月5日，北京奥运会志愿者项目正式启动。面向全社会普及奥林匹克知识、推广志愿服务理念，倡导奉献友爱精神。北京奥运会志愿服务人数达到170万人。直接为赛事服务的志愿者有10万人；为北京市550个城市服务站点提供信息咨询、语言翻译、应急救助等服务的城市志愿者为40万人；在北京社区、乡镇宣传奥运知识、奥运精神，营造奥运氛围的社会志愿者为100万人；啦啦队志愿者为20万人。这些受过高等教育、富有爱心的年轻人也被亲切称为"鸟巢一代"。北京奥运会、残奥会志愿服务工作的开展极大地促进了我国志愿服务的正规化、规模化。因此，奥运会志愿者是奥林匹克主义的象征，是传播奥林匹克精神的载体。

我国在申办北京冬奥会时，提出"三亿人上冰雪"的愿景，目的是通过举办国际体育赛事，提高中国冰雪竞技水平的同时，普及冰雪运动，提倡全民参与。推动我国奥林匹克教育全面开展，大力推广普及青少年冬季运动，带动广大中小学生共享冬奥举办成果，形成具有中国特色的奥林匹克教育模式。

三、提升举办国家的文化自信

文化是民族的精神命脉。文化自信是对本民族文化价值和文化生命力的充分肯定和高度认可。一个国家、一个民族，只有充满文化自信，才能在通往未来的道路上行稳致远。改革开放以来，中国恢复了与西方社会的全面交往，并通过快速的经济发展逐步获得了与之平等对话的地位，尤其在北京夏季奥运会之后，国家敞开大门，对外来文化兼容并蓄，逐渐找回失落的文化自信。世界正朝着文明交流互鉴发展的方向演进，中华优秀文化是世界人类文明中宝贵的文化财富。中国积极地参与奥运精神传播、举办奥运盛会，对丰富和拓展奥运精神、推动世界各国文化交流互鉴、构建人类命运共同体有着积极的现实意义。

四、举办城市以文化特色展示国家形象

每届奥运会对于举办城市来说，不仅是拉动经济增长的重要工具，更是提升城市形象、国家形象的良好契机。2018年8月21日，习近平总书记在全国宣传思想工作会议上指出："要把优秀传统文化的精神标识提炼出来、展示出来，把优秀传统文化中具有当代价值、世界意义的文化精髓提炼出来、展示出来。"传承中华优秀传统文化，并以设计为手段实现创造性转化、创新性发展，有助于更好地认识和解决现实问题。

北京冬奥会、冬残奥会的吉祥物"冰墩墩""雪容融"在2019年已经公布，以熊猫、红灯笼为原型的设计理念，彰显国家形象的优秀设计，其既符合冬季运动的特点，又突出中国传统文化的内涵。既是中国传统文化对当代互联互通世界的回应，也是历史中国、文化中国当代发展之意象。设计者将熊猫形象与富有超能量的冰晶外壳相结合，把中国传统文化的图腾印上科技的烙印，而灯笼以"中国红"为主色调，渲染了2022年中国春节的节日气氛。设计是文化的表达，也是生活的探索，其出发点和归宿在于满足人民日益增长的美好生活需要。这些设计从传统文化中提炼要素，并在国际化语境下，创新设计表达，突出对国家形象的塑造。

第五章 冬奥会文化传播的历史与逻辑

冬季奥林匹克运动会从1924年法国小镇夏蒙尼举办了第一届开始,至今已在欧洲、美洲和亚洲13个国家的21个城镇举办了24届。欧美国家冰雪运动起步较早,有着悠久的发展历史,一直占据着世界冰雪运动的霸主地位。冬奥会文化传播是以冰雪运动为载体和主要表现形式,被世界各国越来越多的民众所接受,并形成强大的影响力。

一个时代文化传播的性质和水平,不在于传播什么,而在于怎么传播、用什么媒介手段传播。文化发展的每一个阶段,都受到特定媒介的支配,每一种新的传播方式和技术的兴起都毫无例外地引起文化的变革。本章简要叙述冬奥会文化传播的历史,从发展脉络中分析冰雪运动传播的方式和手段,为冬奥会文化传播与国家形象的关系寻找支撑点。

第一节 冰雪运动早期记载与文化传播

一、滑雪运动起源地之争

(一)北欧起源说

北欧是政治地理名词,特指北欧理事会的冰岛、挪威、瑞典、丹麦和芬兰五个主权国家所在区域。北欧的绝大部分属于温带大陆性气候,冬季漫长,气温较低,夏季短促凉爽。斯堪的纳维亚半岛横亘于挪威和瑞典两个国家之间,是北欧地势最高的地区。大自然独特的地理环境和气候环境创造了地球南北地域的不同自然资源,处于地球北部世界的地域气候寒冷、干燥,在北方生活的人类主要以冰雪资源为伴。天公赋予人类的冰雪资源,与人们生活方式结下了不解之缘。在冰天雪地的自然环境中，位于地球北半球中高纬度北欧国家的人们，为提高冰雪地的行走速度和捕杀猎物的能力，以及提高交通运输的能力，开始萌发出发明改造人类的用具和器材的意识，以适应冰雪环境所带来的诸多不便。

滑雪运动起源于北欧，正是源于人类的生存需要，伴随人类自身的发展而产生。第一种说法是起源于挪威，据欧洲史料记载，早在4500年前挪威就有了滑雪运动的雏形，并发明了极其简单的雪板和雪仗。考古发现，在挪威的一个小岛上发现了一幅公元前2500年左右的岩画，上面描绘着一位滑雪者脚踩着巨大的雪板，手持雪仗并作出滑行的姿势。第二种说法是起源于瑞典，1924年在瑞典的卡夫拉斯克村发现了约公元前3200年的滑雪板和一个雪杖，在大约11世纪的瑞典的石碑上也发现刻有手持弓箭、脚踏雪板的猎人。

（二）俄罗斯北部起源说

现存有关滑雪起源的观点除上述挪威和瑞士之外，还有在20世纪60年代俄罗斯的东北部发现的距今8000年前的滑雪板残骸。此外，根据1985年出版的吉尼斯大全记载，1934年苏联的一位考古学家在位于苏联的西北部地区发现了公元前6000年的一位滑雪者的雕像，其使用的滑雪板是用动物的骨骼制成的。

（三）新疆阿勒泰起源说

据考古学家发现，在阿勒泰市汗德尕特蒙古族乡的敦德布拉克发现了距今大约一万两千年前的岩画，上面描绘了几个人踏着雪板狩猎的景象，这表明新疆阿勒泰地区的滑雪历史比挪威、瑞士等至少要早五千多年。2016年1月16日，国内不同学科的专家、学者召开研讨会，证实这一带早在一两万年前就开始了滑雪活动。同年12月15日，在人民大会堂召开的新闻发布会上，中国滑雪协会等部门向世人郑重宣布，这里是世界人类滑雪起源地。2015年1月18日，来自挪威、瑞典、芬兰等18国30余位滑雪历史研究专家联名发表《阿勒泰宣言》，认同中国新疆阿勒泰是世界上最古老的滑雪地域。《阿勒泰宣言》的发布，意味着新疆阿勒泰为人类滑雪最早起源地的说法首次得到国际公认。除此之外，据《山海经·海内经》记载，"有钉灵之国，其民从膝已下有毛，马蹄善走"，这是已知的中国最早的有关滑雪的记载。这些证据都充分证明了中国新疆阿勒泰是世界滑雪发源地的事实。

不论滑雪运动如何认定，它都是人们为适应冰雪，改造自然环境，提高生存能力和生产力的真实缩影。

二、滑冰运动的起源

和滑雪运动一样，滑冰也源于人类的生存需要，是人类生产劳动的产物，但它的出现要晚于滑雪。据考证，滑冰起源于荷兰，人类最早记载的有关滑冰运动的内容是在公元936年，一位荷兰的滑冰爱好者在冰上遇难。人类早期的滑冰工具由动物的骨骼制成，在9—10世纪就有将动物的骨骼绑在脚上在冰上快速滑行的记载。除荷兰之外，英国、瑞士、挪威等国家在11—12世纪也曾发现骨制冰刀。随着时间的推移和人类制造技术的进步，1250年，能够固定在木板上的铁制冰刀在荷兰出现，其滑行速度要远远快于骨制冰刀，这是人类滑冰史上的一大进步。1572年，世界上第一个全铁制冰刀在英国诞生，全铁制冰刀的出现标志着现代滑冰运动的开始。

1742年，苏格兰首府爱丁堡成立了滑冰俱乐部，这是世界上第一个滑冰俱乐部，想加入俱乐部的人必须通过一项测试——单脚在冰上转一圈，然后跳过由帽子组成的三道障碍。1772年，英国军官罗伯特·琼斯还发表了第一本关于滑冰的书。1898年，世界滑冰锦标赛在伦敦举行，1903年开始，英国锦标赛每年都举行。1908年，伦敦举办第四届夏季奥运会，花样滑冰正式成为奥运会项目，这也是冬季项目第一次进入奥运会，当时距离1924年第一届法国夏蒙尼冬奥会还有16年。

三、早期冰雪运动文化传播的方式与特征

（一）冰雪运动以人际传播为主，带有明显的精英主义色彩

冰雪运动是人类创造的产物，是人类征服自然的智慧结晶，是由人类传播活动而促成的一种社会文化现象。在人类社会发展过程中，滑雪、滑冰等身体运动从生存和战争需要中逐渐分离出来，成为上层社会的一项娱乐活动。人们为了传播这些身体娱乐活动，便开始利用文字、绘画、浮雕等进行

记载，这些图案展现的是冰雪运动的各种动作，主要标志人体的运动美、冰雪运动的精神内涵和丰富多彩的活动内容，记录并传播着冰雪运动文化的各种信息。这些国家不仅是冰雪运动的图腾和标志，而且对冬季奥林匹克运动的发展具有很大的借鉴价值。

早期冰雪运动主要是通过人际之间和群体之间进行冰雪运动的文化传播。冰雪技能的传授主要局限于熟人圈内，他们彼此熟悉，通过冰雪运动项目的共同兴趣爱好而聚在一起进行互动，从而达到共同的体育传播目标。花样滑冰起源于英国，1683年，英国在伦敦泰晤士河举行了盛大的马戏表演，荷兰船夫表演了精湛的滑冰技艺，给英国国王和观众留下了深刻的印象。从此，花样滑冰在英国上层社会迅速兴起，当时英国的滑冰爱好者大多是贵族，因而参与花样滑冰运动成为绅士的象征，他们身穿大礼服，头戴大礼帽，以在冰上勾画出不同轨迹的技术作为重点。力求在服饰、礼仪、言谈等外在的表现区别其他群体，展示自己的等级地位，由此形成社会民众羡慕并效仿的绅士风度。人们通过体育人际传播相互切磋技术、相互学习，制定比赛规则，达到遵守规则、凝聚团队、认识更广阔的体育世界的目的。滑冰俱乐部的设立是为了满足当时商业化社会的需要，为相同社会阶层的人们创造一种排他性的社交场所发展而来；这类运动群体通过缴纳高昂的会费，加入滑冰俱乐部或滑雪俱乐部，这种高档的私人封闭的会员俱乐部是欧洲贵族身份的象征，而冰雪运动技能的传授属于体育人际传播，体育人际传播的过程是传者与受者对体育信息相互了解、相互认知的过程。体育人际传播的效果取决于双方借助符号对体育信息的表达、沟通与认同的效果，因此，花样滑冰运动也被称为高雅文化的代表。

1908年，第四届伦敦奥运会将花样滑冰列入了比赛项目，来自各国的21名花样滑冰运动员，在伦敦的普林西斯人工冷冻滑冰馆进行了比赛。这次比赛吸引了两千余名观众，特别是花样滑冰运动所特有的高雅和艺术魅力，给各国运动员和观众留下了深刻的印象。1911年，在布达佩斯第十一次国际奥委会会议上，顾拜旦提出了单独举办冬季奥运会的建议，却遭到了挪威和瑞典委员的强烈反对，他们担心举办冬奥会将影响北欧运动会和在挪威举办的霍尔门科伦滑雪大赛的国际地位。1920年，第七届比利时夏季奥运会，组委会设置了花样滑冰和冰球项目，奥运会的夏季项目和开幕式在8月中旬举行，而两个冬季项目提前在4月进行，给赛事组织者出了个难题，这使得一届奥运会要长达5个月的时间。把冰雪项目从奥运会中分离出来，举办单独进行冰雪项目的冬奥会迫在眉睫。

冬季体育项目在创办冬奥会之前，人们经过群体内的信息传播，切磋运动技能，获得文化认同以及运动群体的归属感。人们对某一运动项目有共同的兴趣，聚在一起进行运动，形成一种群体氛围。在这种氛围中，人们可以摆脱各自文化带来的偏见，在不同文化的展示中，看到的不是矛盾与冲突，而是人们互相交流的动因，对某一种文化的认同促使群体内人际交流的真正实现。而群体内的文化认同影响着个人的社会身份认同和自我认同，引导着人们的集体行为。冬季运动项目能否成为社会认同的主流文化，是文化传播的前提条件。人们认同某一群体，其中一个原因就是群体的核心价值观与个人价值观相符。因此，在体育人际传播中，人们学到的不仅仅是比赛，还有相互尊重、挑战自我、挑战自然、建立良好的生活方式。

（二）组织传播为冰雪运动国际传播奠定基础

冰雪运动组织的成立为冰雪赛事的发展起到了推动和保障作用。国际体育组织的建立使体育传播超越国界，出现了国际间的体育交流和比赛，形成了体育传播国际化趋势。国际单项体育组织是由各国和各地区单项体育协会联合建立的世界性体育组织，是承担国际体育传播的重要组成部分（表2）。单项体育组织体育传播的任务是加强和协调成员组织间的关系；研究和制定有关项目的比赛规则；筹备和举办国际性或区域性单项比赛；配合国际奥委会组织和监督奥运会有关项目的比赛；培养和指定国际比赛的裁判员；审核和确认世界纪录等。

表2 冬季国际单项体育组织的基本信息

国际单项体育组织	成立年份	成立地点	总部地点	中国加入年份
国际滑冰联盟	1892	荷兰	瑞士洛桑	1956
国际冰球联合会	1908	巴黎	瑞士苏黎世	1956
国际滑雪联合会	1924	夏蒙尼	瑞士伯尔尼	1981
国际雪车联合会	1923	巴黎	意大利米兰	1984
国际无舵雪橇联合会	1957	德国	德国	1984
国际现代五项和冬季两项联盟	1948	摩纳哥	摩纳哥	1981
世界冰壶联合会	1966	苏格兰	英国珀斯	2003

冬季奥林匹克项目国际单项体育联合会总会（AIOWF）是处理与冬季运动相关的和冬奥会相关的特定问题的代表机构。AIOWF还负责为国际奥委会和其他国际组织挑选、任命联合代表团。此外，AIOWF还会协调竞赛日程，以及向国际奥委会提交关于电视版权利益分配的提案。AIOWF与管理冬季奥运会运动项目的国际单项体育协会，以及相关的其他国际单项体育协会紧密合作。AIOWF鼓励成员之间进行协作。

国际奥委会承认的7个国际冬季单项体育组织中，国际滑冰联盟、国际冰球联合会、国际滑雪联合会、国际雪车联合会4个单项体育组织是在首届冬奥会前就成立了的，组织地点主要分布在欧洲，如北欧运动会是在北欧国家组成的区域范围内开展的以滑雪运动为主体的国际体育赛事。虽然北欧运动会具有区域化特征，但这类国际体育组织不断成立、国际体育赛事蓬勃开展，为冬季奥林匹克运动的开展和文化传播创造了条件。

第二节　冬奥会文化传播的区域化特征

一、欧美成为冬奥会文化传播的核心区

19世纪末到第二次世界大战前，世界经济经历了资本主义从自由竞争到垄断竞争的阶段，世界经济的重心也逐渐从欧洲向美洲转移。冬奥会文化从北欧向海外地区扩散，冬奥会文化传播的范围与欧美各国在全球范围内的经济实力有密切关系。早期的冰雪运动项目来源于欧洲，美国、加拿大作为欧洲的殖民地，其地域的特点更有利于冰雪运动的开展，欧美国家同属于基督教文化，文化的同质性使冬奥会文化传播的障碍相对较少。

1924年，法国夏蒙尼举办了专门为冬季项目设置的"国际冬季体育运动周"活动，正式拉开了冬奥会的大幕。北欧是滑雪运动的发源地，斯堪的纳维亚半岛地区冬季雪多，雪期长达五个月，适于开展滑雪运动，虽然因缺乏阿尔卑斯山脉那样的高山，高山滑雪不够普及，但越野滑雪和跳台滑雪却开展得较好。因此，北欧凭借地域的优势，竞技体育实力明显优于其他欧美国家。北欧的挪威、芬兰及瑞典在雪上项目中垄断了越野滑雪、北欧两项、跳台滑雪，这三个项目也被称为北欧滑雪。具有相似特征的项目积聚在一定的空间内，冬奥

会项目的集群性作为一种区域优势，使北欧国家具有较强的竞争力，也使竞技实力表现出明显的区域性和非均衡性发展的状态。第四届冬奥会新增了高山滑雪项目，瑞士、法国、奥地利、德国等西欧国家凭借阿尔卑斯山的地域优势，在高山滑雪项目上占有绝对的优势，打破了北欧传统滑雪项目一统天下的格局。高山滑雪女子项目使滑雪女运动员第一次有机会加入冬奥会的行列。在此之前，滑雪项目只有男子运动员参加。冬季项目相较于夏季项目，受地理环境的影响较大，因此形成北欧文化圈。受经济的限制，早期冰上体育赛事场馆以室外场馆为主，举办城市是否具有相应的体育设施，参赛国家是否发展这项运动，也会受到地域条件的限制，从运动项目也可一目了然。

第一至四届冬奥会，比赛项目根据不同场地分为冰上项目和雪上项目。冬奥会冰上项目设置三个项目，分别为速度滑冰、花样滑冰、冰球。雪上项目设置五个项目，分别为越野滑雪、跳台滑雪、北欧两项、高山滑雪和雪橇。斯堪的纳维亚国家在北欧滑雪项目上占优势，阿尔卑斯山脉国家在高山滑雪项目上占优势。

表3　冬奥会初期男女运动员的比例

	男运动员	女运动员	总人数
第一届	247	11（4%）	258
第二届	438	26（6%）	464
第三届	231	21（8%）	252
第四届	566	80（12%）	646

从表3来看，由于受到宗教、文化教育、阶级思想等因素的影响，女性运动员远远少于男性。前四届冬奥会项目设置中，只有花样滑冰和高山滑雪有女运动员参加，男性比女性表现出对冬奥会更大的热情，他们有着更为强烈的参与欲望。在北欧影响力最大的北欧滑雪世界锦标赛，前身为北欧运动会，在第二次世界大战结束之前一直只有男子参加比赛，主要是因为滑雪运动员大部分来自边防军人。冬奥会项目在这一阶段表现出比赛规模较小，参赛国家和运动员较少。国际奥委会最初规定每4年举行一次冬奥会，与夏季奥运会在同年和同一国家举行，但由于地理位置的原因，有的城市不具备举办冬奥会的条件，缺乏滑雪场地，因此改为同一年可以由不同的城镇承办。

二、冬奥会文化传播方式与特征

（一）以技术传播为主，普及冬奥会项目

在冬奥会的起步阶段，举办冬奥会就是举办一项单纯的冬季体育赛事，国际奥委会关注的重点在于举办城镇的冬季体育设施如何、能否承办冬奥会，通过举办冬奥会，促进冬季项目在世界各地的普及。如第一届冬奥会，举办城镇夏蒙尼建有欧洲最大的滑雪跳台和较理想的越野滑雪场地，以及供冰球和花样滑冰比赛用的室内滑冰馆。早在举办冬奥会之前，这座仅有7000多人口的小镇，每年都要接待上万名的滑雪爱好者、旅游者，以及度假和疗养人员。这一时期的冬奥会由于参加国家和地区较少，规模不大，竞赛项目、体育设施有限，对举办国、举办城市的影响较小。冬奥会项目的普及度不高，运动员的技术水平也不高。

顾拜旦提倡精英主义至上原则，运动员群体和赛事组织管理者均来自社会精英，他们接受过良好的教育，来自富裕的家庭。他们从事竞技运动只是为了愉悦身心，而不期待任何金钱的奖赏。冬奥会的业余原则也使得运动员来源受到阶级的局限，只有经济实力雄厚的富家子弟才有时间和金钱从事体育，因此，冰雪运动文化传播是从体育特权阶级向外逐渐扩散的过程。

早期的平面媒体传播主要以体育赛事报道为主，以宣传体育赛事为目的的内容开始出现在报纸上。各国利用平面媒体，详尽、深入地报道冬奥会赛事，主要内容以赛事消息、通讯、评论，以及图片等形式出现。欧美之间的竞赛规则也会出现冲突。如第三届冬奥会在美国的普莱西德湖举行，当时速度滑冰采用北美规则。比赛根据参加比赛的人数分为若干组，每组4~9人，同时出发。这种大组出发的比赛方式，使欧洲运动员非常不适应，也将比赛失利归咎于北美竞赛规则，纷纷向大会组委会提出抗议，要求恢复原有规则。双方激烈的冲突状况，也成为了媒体争先报道的焦点，媒体纷纷发表评论，对竞赛委员会的决定进行谴责。挪威作为北欧强国，在竞赛规则方面具有一定话语权，并通过报纸发表对速度滑冰运动的北美竞赛规则的质疑，阐明了运动员在各自的跑道独立起跑并在指定区域交叉换道的优越性。最终，国际滑冰联盟决定恢复2人一组出发的原有规则。

有关参赛运动员的业余资格也是媒体一直争论的焦点。比如，高山滑雪教练员是否属于职业运动员。这些争议虽然出现在国际体育比赛中，但也促进了冰雪运动项目的普及和规则的改进，也提高了国际体育组织的威信和国际赛事的影响力。随着体育赛事和国际传播的发展，媒体报道主要以印刷媒体为主，报道内容主要以体育赛事为主，传播内容以赛事比分、运动员的比赛状态为主，并通过配备图片，增强视觉冲击力来吸引受众。

（二）传播范围具有明显的区域性特征

受"地缘—自然因素"的影响，生活在被称为"北欧三国"的挪威、瑞典、芬兰的人属于特定文明的人们，既然与特定的自然环境不可分割地结合在一起，北欧人的历史记忆和情感投注就必然形成他们的"文化身份"，反映在运动项目文化上具有明显的特征。在文化认同、宗教信仰或"民族感情"的意义上，属于特定历史文化共同体的人们会崇拜特定的自然或人文地点，并拥有与这些地点紧密相连的、使其"文化身份"得以确立的记忆、符号、神话和其他遗产。

北欧凭借良好的地缘优势在冬季项目文化中处于主导地位。形成以欧美为中心的文化单一化倾向，冬奥会文化传播受地域影响较大。这一阶段冬奥会文化传播以人际传播和组织传播为主，传统的体育比赛受场地的限制，观看的人数十分有限，因此，以宣传体育赛事为目的的内容开始出现在报纸上。体育新闻传播的主要特点是冬奥会文化传播完成了从人际传播向大众传播的转变，有关冬奥会的新闻报道开始出现在平面媒体上，详细报道体育赛事、运动员和冬季体育项目的介绍。这些宝贵体育赛事遗产通过媒体的宣传，以文字的形式保留了下来，为冬奥会文化传播打下坚实的基础。

第三节 冬奥会文化传播由核心区域向外扩散

第二次世界大战之后，各国开始忙于重建，世界经济形势随之好转，为冬奥会的迅速发展创造了物质条件，冬奥会扩大了规模、增加了项目设置、快速提高了冬季运动水平，而且不再局限于在欧洲和美洲举办。1948年，因战争而中断了12年的冬奥圣火，终于在瑞士的圣莫里茨重新点燃，人们对象征和平、友谊、进步的奥林匹克运动会更加充满了热情。

一、冬奥会参赛国家的竞技实力逐渐均衡

1956年，第七届冬奥会在科蒂纳丹佩举行，第一次参加冬奥会的苏联队，展现了冰雪运动的实力，撼动了冬奥会北欧国家瑞典、芬兰、挪威在传统滑雪项目的霸主地位，极大地削弱了北欧国家及北美冰球的实力。国际奥委会十分重视运动员的业余资格，不仅不允许职业选手参加，而且还规定凡获得冬奥会奖牌的运动员不得加入职业团体，如违反这一准则，将取消其资格。随着大众传播媒介的发展，特别是电视进入奥运会，竞技体育开始迅速商业化，从而加深了国际奥委会、国际单项体育联盟与运动员、参赛国家的矛盾与冲突。如第九届因斯布鲁克冬奥会的花样滑冰双人滑运动员，联邦德国的玛丽卡·吉利乌斯和汉斯·博伊姆勒。国际奥委会因其放弃业余身份，参加职业活动，违反业余运动员准则，而取消了他们的资格。国际奥委会规定，"凡被商业广告利用或企图通过滑雪运动捞取金钱的选手，一律不得参加冬奥会的比赛"，在滑雪比赛前，要求参赛运动员立即将雪具上的商标取下。由于一些依靠公司赞助的明星们威胁要退出比赛，最终国际奥委会同国际雪联协商后决定，商标可以不取下，但比赛结束后，运动员不能携带自己的雪具接受记者的采访或拍照。国际奥委会通过业余原则的规定限制参赛运动员过度商业化，保证奥林匹克运动精英至上的理想目标，但也阻碍了优秀运动员参赛，影响了冬奥会各国的竞技实力。但冬奥会加拿大队和苏联队冰球运动员资格之争，就不只是运动员的个人行为。由于国际奥委会对职业运动员的参赛资格进行了严格的限制，使加拿大优秀冰球运动员都加入了职业队，参加冬奥会比赛的都是加拿大的业余选手。而苏联的运动员采取全年集训的国家队训练模式，政府对竞技体育给予全力支持，东欧国家体育制度的优势使精英体育向着另一个极端方向发展，即政府买单培养国家队运动员参加奥运会等国际大型体育比赛。这对加拿大队以业余选手参加奥运会来说，显然是不公平的，因此加拿大冰球队拒绝参加冬奥会，冰球比赛的激烈程度降低，也让观众大为不满，加大了国家之间、民众之间的矛盾冲突，各国媒体成为宣扬政治主张、宣泄不良情绪的平台。

"冷战"及国际奥委会强调"业余原则"和"与政治脱钩"虽然一度使奥林匹克运动艰难徘徊，但总体上冬奥会参赛国家的竞技水平不断提高，竞赛项目也逐渐增加，影响力也在加强。冰球项目是冬奥会各参赛国家关注最多的

项目,唯一的集体项目被赋予更多的政治意义,金牌之争被看作是社会制度优越性之争,获得金牌的球队升国旗、奏国歌,可以极大地激发民族自豪感,国际体育赛场成为两国实力直接对抗的场所,体现社会制度优越性的竞技体育得到异常重视。以苏联为首的社会主义阵营和以美国为首的资本主义阵营都对本国竞技体育发展倾注心血,苏联形成了一整套选拔、训练、比赛一条龙的"举国体制"。而美国则大力发展职业体育,在金钱的刺激下激发运动员的竞技水平。冬奥会文化传播的核心区域已由北欧国家向外扩散,标志着冬奥会已进入全球化传播阶段。

大众传播手段的丰富、技术的革新、效能的提高使跨国界的、远距离的传播在质和量上形成飞跃,使全球传播具备了前提条件。大众传媒通过营造多数的意见环境来唤起舆论、引导舆论和加速舆论的形成,是体育全球化的重要助推力。

二、冬奥会文化传播的方式与特征

(一)电视媒介的出现

1936年,第四届冬季奥运会在德国的加米施-帕滕基兴举行,德国电视台对该届冬奥会进行了转播,但由于技术原因,当时的转播只是延时播出,真正意义上冬季奥运会的第一次现场直播是在1956年科尔蒂纳丹佩佐。这届奥运会也是国际奥委会与媒体之间关系的一个转折点,关于电视转播权的问题,奥运会应该属于新闻事件还是娱乐事件,引起了国际奥委会和媒体的矛盾。

电视转播权获利的增加,推动了电视技术的发展,也让世界上越来越多的人看到了奥运会。一些关键性的进步极大地增加了奥运会的观众人数。这些新媒体技术就包括1964年奥运会首次采用的卫星广播技术,彩色电视的技术是在1972年的奥林匹克电视广播中得到了推广应用,还有慢动作回放和比赛中安置在关键位置上的小型摄像机等,电视等媒介的出现和普及也使冬奥会跨文化传播发生了质的飞跃。它以生动直观的画面、丰富多彩的内容将体育竞赛的场景和丰富的文化内涵以快捷的效率呈现在观众面前,这些技术的进步增加了奥运会电视广播的吸引力,使奥运会中广告不断增加,极大地推动了冬奥会文化的世界传播。

（二）电视直播冬奥会赛事的特征

1. 直观性与时效性

电视直播制作水平精良、视听体验良好，是传播冬奥会文化的重要媒介。电视直播的直观性在于视听双通道、"高保真"的技术特点，同时传送图像和声音，可以把现场情景直接传送给广大观众，让他们同步感受到比赛的激烈程度，非常符合观众迫切想在第一时间了解赛事的特点。电视媒介的现场直播可以即时、同步地展示冰雪运动的方方面面，通过拍摄角度、剪辑手法的调整，可以让观众在观看之时，真切、具体地感知到赛事的精彩。如花样滑冰是一项艺术与运动技术结合的竞技项目，不仅有着体育竞技的激情，也有着艺术的体现。在比赛中，高难度的技术动作与优美的音乐和编排的舞蹈结合在一起，描绘了一幅精彩绝伦的艺术画卷，各种旋转跳跃的动作转瞬即逝，让人目不转睛。这些精彩画面的呈现主要是通过电视直播的高清画质，多角度捕捉，以及慢镜头回放等传媒技术，直观地展现花样滑冰运动员在赛场上的自我情绪调节、面部表情、肢体技术动作的完成情况，细致展示运动员完美的技术动作，通过即时性画面，以直播的形式满足了观众对比赛过程的认知欲和知情权，从而增强了体育转播的时效性。

2. 专业性与广泛性

冬奥会赛事实况转播是一项复杂的工作，首先需要的是人员的专业性。它涉及电视台的技术人员、节目主持人、体育解说员、节目编导等工作人员，比赛前的赛事分析、重点关注的明星运动员、各个国家代表队的战绩、前瞻都是赛前报道的重点。电视转播的专业性需要电视体育解说员和相关人员掌握体育运动竞赛规则、比赛技战术方面的专业术语、各项运动发展的历史，以及运动员的基本情况，同时，专业人士还需要具备现场应变能力。大型体育赛事实况转播，退役优秀运动员作为邀请解说嘉宾，配合专业解说员，目的就是增加体育赛事转播的专业性，提高电视转播的质量。其次，电视转播技术起到了关键作用。摄像团队运用专业的拍摄角度、特写镜头、慢动作和字幕等处理，配合解说员的现场解说，甚至包括精彩画面回放等技术，真实地展现运动员在比赛中的运动技术，获胜或失败后的情绪释放，这些优秀运动员的人格魅力将影响冬季运动项目的大众化普及，吸引更多青少年参与冰雪体育运动。电视体育转播的广泛性指的是体育赛事的跨文化传播、电视的全球转播，使电视的受众群体更加多元。卫星传输技术的普遍采用，使电视体育传播进入一个跨国传播和全球传播的时代。体育赛事直播具有现场的代入感，视觉直播画面和解说的双向作用，使电视观众的情绪很容易被带动起来，吸引观众主动了解赛事的相关信息，并成为茶余饭后的谈资。

3. 娱乐性与商业性

体育赛事与电视的结合本身就是一种娱乐方式。通过电视观看冬奥会是观众的福利，对于体育赛事电视直播来说，其节目的成功与否主要取决于两个因素，一是赛事本身的质量，冬奥会是冬季体育项目最高水平的比赛，各国都要通过直播赛事让本国民众了解运动员的表现，以此展现本国的竞技体育实力。二是节目包装和制作水平把冬奥会包装成全球性媒介事件，增加现场直播的魅力，塑造体育明星，使受众体验全民狂欢的盛大聚会。作为冬奥会主角的运动员和教练员在拼尽全力比赛的同时，其个人的魅力也吸引着无数的冰迷。而现场观众的热情、为支持的队伍挥舞国旗、尽情呐喊的声音，通过现场直播的形式传播给电视观众，以提高受众的参与感和娱乐性。

随着电视媒体的广泛传播，冬奥会商业价值开始呈现出来，由此吸引了众多运动器材的赞助商。如意大利体育用品制造商抓住了有舵雪橇发展的契机，推出了一种半封闭座舱式雪橇，受到了各国雪橇爱好者的欢迎，同时也推动了意大利雪橇运动的发展。高山滑雪的雪具也成为企业进行广告宣传的对象，企业利用人们对冬奥会的关注在比赛现场做广告，供应商也力图提供雪具等，使观众注意他们的产品。企业资助运动员大多是以实物为主，通过运动员的使用和穿戴提升品牌的知名度。国际奥委会着力打击那些没有获得权利，却利用已经被全球认知的奥林匹克标识做开发的企业行为，以维护奥林匹克运动公益性的品牌价值。

三、大众传播媒介对冬奥会文化传播的影响

美国和欧洲一些经济发达国家的电视产业得到空前的发展，体育比赛成为电视转播的主要内容之一。体育与大众媒体的结合，为体育插上了翅膀，跨越时空的屏障进入人们生活。体育专业频道为体育赛事转播提供了重要平台，冬奥会文化由精英主义的群体文化向大众体育文化拓展。

大众传媒对冬奥会一直怀有浓厚的兴趣，并以宣传比赛结果和扩大实况转播覆盖范围为主要目的。当时转播的内容很少涉及娱乐而集中于比赛结果和比赛情况，大部分电视台转播都是免费的。电视是提高人们对冬奥会运动项目兴趣的良机，因为企业家从电视上看到冬奥会的商机，纷纷赞助优秀运动员和各国运动队，企业需要借媒体与奥运会之间的"联姻"，向消费者传递企业信息。大量观众对冬奥会的赛事需求保证了电视台有稳定的收视群体。

大众传播媒介是冬奥会文化的主要传播手段，没有大众媒介的参与和操作，奥林匹克运动就不可能在世界上得到广泛传播。正是由于各国新闻媒体的参与，冬奥会才能逐渐成为世界上影响最大、注意力资源最为集中的"全球性媒介事件"。通过大众媒介的恰当宣传，冬奥会逐渐被更多的人所接受，大众传媒也以其独特的优势和手段所营造的"信息环境"不断改变着各国对冬奥会的关注。

除了大众传播媒介商业的重要性获得认可外，各国开始利用大众传播媒介宣传本国的价值观，提高各国的竞技体育实力。一国所具有的国际传播力和效力越强大，就越有可能争取到更多的国家利益。国际传播力量的强弱直接关系到维护和发展一国的国家利益，西方发达国家具有较强的综合国力，特别是强大的经济实力，在比赛现场也有大量的报道记者，并以最快的速度和最大容量进行现场报道，在国际新闻报道中占有明显的优势。

大众传播媒介是一种专业性传播手段，冬奥会文化传播是一种大规模、高投入、高技术含量的活动，对资金、设备、人员、技术的要求较高，因此大众传播媒介发展和强大的背后是高成本的经济投入和高科技的支持，这就必须仰仗一国综合国力的发展和强大。电视实况转播不但使各国亿万观众更加了解奥运赛场的风云变幻，而且他们在密切关切竞赛结果的同时，极大地提高了冬奥会的影响力。冬奥会在全民关注下顺利完成了从精英文化向大众文化的转变。在奥运会全过程中，通过荧屏展示给世界的各种文化活动和举办国的风土人情，使人们更全面、形象地认识奥林匹克主义和奥林匹克运动的内容，从而进一步扩大了奥林匹克运动的影响。

第四节　冬奥会文化传播的多元文化形成阶段

举办奥运会的巨大开支，严重影响了国家申办奥运会的热情，在国际体育走向市场的关键时期，国际体育界出现了以萨马兰奇为代表的一批强势领导人物。他们知识广博、视野开阔，不仅懂体育，而且懂政治、外交、经济和法律，他们看到了赔钱的业余运动拥有的商业潜能，因势利导，推动了奥林匹克运动的商业化进程。业余运动的商业运作，是非营利的业余体育组织从来没有遇到过的新生事物，困难巨大，其操作程序也无先例。国际奥委会以尤伯罗斯成功营销1984年洛杉矶奥运会为契机，将现代奥运会进行了商业化操作，将奥林匹克运动引向产业化发展的道路。

电视转播权是组委会和国际奥委会的主要资金来源之一。由于媒体的乘数效应，使媒体、企业和奥林匹克运动之间的相互依赖关系得到加强。电视台播出赞助商的广告，从企业得到收入。企业需要借媒体和奥运会向消费者传递他们的信息。国际奥委会关心的是组织生存以及它在财政、政治和法律上的独立，而组织的自主性使得它十分依赖企业和媒体提供资金作为保障。国际奥委会为了保持奥林匹克的公益形象，避免与其他国际体育赛事的竞争，运用最先进的转播技术，保持长久的合作伙伴关系，目的是要保证稳定的观众群体和高收视率。

一、全球性媒介事件

丹尼尔·戴扬和伊莱休·卡茨在1992年出版的《媒介事件：历史的现场直播》一书中提出了后来在传播研究学界影响巨大的"媒介事件"。媒介事件可以通过影响舆论来影响媒介事件主办国的国家形象，奥运会是典型的全球性媒介事件，冬奥会在国际传播和国家形象建构中起到决定性作用的全球性媒介事件到底是什么？它在新的媒介时代表现出了哪些特征和功能？以及它的国际传播与国家形象之间的关系具体怎样？

全球性媒介事件与国家形象联系紧密，对举办国来说，既是机遇也是挑战，它能对民族国家形象产生积极或消极的影响。冬奥会具有典型的全球性媒介事件的特征，如举办地是既定的，有既定的地点和既定的比赛内容。举办冬奥会是一场媒体盛宴，数量众多的媒体和公众汇集于举办地，为事件的媒介化提供了充分条件。对举办国家和城市来说，其成为塑造国家形象、展示本国文化特色的最佳时机。

冬奥会具有全球性媒介事件的必备条件，首先从受众群体来看，冬奥会是冬季运动最具影响力的综合性体育赛事，受众人群广泛；从人数上来看，尽管能够在现场观看比赛的受众只是很小的一部分，但是在大众传媒发达的今天，媒体受众人数众多，受众通过各种媒介获取有关冬奥会信息的渠道非常方便，信息量也是惊人的。如2008年北京奥运会的全球电视观众达到了40亿人，而冬奥会作为全球性媒介事件，依靠议程设置上的优势地位，使其很容易地在全球范围内吸引数以亿计的庞大受众。其次是大众传媒的作用，使事件上升为国际传播的范围。冬奥会属于国际性体育赛事，举办城市的组委会只是临时机构，而由不同的城市轮流举办使奥林匹克运动的文化内涵更有深意。对于国际奥委会来说，双奥之城的北京给全球媒体和观众带来更好的体验，而历史悠久的东方大国，正由于全球性媒介事件的议程设置和国际传播，才使得一个原本具有巨大意义的地区性事件，瞬间获得历史性的世界意义。最后，冬奥会作为全球性媒介事件，国际传播影响国家形象。中央广播电视总台体育频道作为我国主流媒体，在大型体育赛事直播中占有绝对优势，它能最全面地覆盖所有的精彩画面和所有的文化内涵，在全球性媒介事件中具有举足轻重的地位。

二、冬奥会文化传播的方式与特征

（一）国际奥委会对电视转播权的垄断

自1984年洛杉矶奥运会以来，出售电视转播权成为国际奥委会和组委会的主要资金来源之一。2001年，国际奥委会成立了"奥林匹克广播服务公司"（Olympic Broadcasting Services，以下简称"OBS"）。OBS的职责主要是制作奥运会的电视和广播信号，以及设计、安装和运作奥运会国际新闻中心。以控制奥运会赛事电视信号制作为目的，国际奥委会的基本政策是保证奥运会通过转播能够让所有拥有电视机的观众看到。国际奥委会只将电视转播权卖给让该国人民免费收看奥运会转播的电视台，奥运会是目前唯一坚持这种政策的大型体育赛事。国际奥委会在转播的布局和对商业利益的考虑上非常成熟，奥运会的转播产业链已高度市场化。伦敦申办2012年奥运会主办权成功时，OBS首次以主转播方的角色，向全世界所有媒体提供当次全会的直播视频。2010年温哥华冬奥会上，OBS发挥了非常重要的作用。同样由国际奥委会组织的冬奥会，其规模和影响力远不及夏季奥运会，历届冬奥会的转播覆盖面小是个问题。OBS帮助温哥华冬奥会首次实现了全球赛事信号覆盖，以及高清电视信号和5.1声道的音频传送。

国际奥委会主导成立的转播公司制作转播信号，有利于奥运会的广泛传播，尤其是OBS对冬季项目普及程度不高的国家，向观众提供免费直播，对项目的广泛传播意义巨大。如果是由举办城市或商业转播公司控制转播信号，转播有利于本国关注的项目，但不利于全球传播。在萨马兰奇和美国商人的推动下，奥运会的商业价值被快速放大，媒体报道的热情也因收视率和广告收入的增长而提升，奥运转播权正是在这一时期开始显现出巨大价值。

在中国，中央广播电视总台负责向国际奥委会购买转播权，然后再向其他电视频道分销，有效解决了不同媒体同时竞争购买版权，导致抬高价格的问题。

（二）视觉文化推动冰雪运动向全球化传播

视觉文化是大众传播的主要内容，视觉文化的传播是典型的大众传播，是以满足受众需求为目标，以视觉形象为主要内容的传播方式。因此，视觉文化就是大众文化的一种类型。大众传播在商业化的驱动下，视觉文化研究逐渐进入学者们的视线。

1. 视觉文化传播使冰雪项目更有观赏性

视觉文化传播是指以影像技术为媒介，通过视觉传达而形成的一种文化传播形态。当今社会，以影像技术为媒介的视觉文化传播在现代生活中占据主导地位，并在文化全球化过程中表现出一种势不可挡的力量。同时，对冬奥会文化传播发挥了巨大作用。

在电视上，话语是通过视觉形象进行的，在体育赛事中，人们可以在屏幕上欣赏到最真实的体育的外显文化表象，其形象、逼真的特点将观众的注意力聚焦在体育赛事中。在奥运转播和商业赞助的推动下，追求对抗和刺激的冰球受到北美人的广泛欢迎，也成为世界最有影响力、最成功的北美职业体育赛事之一。以速度滑冰为基础的短道速滑项目正是在视觉形象下应运而生，有人比喻短道速滑更像赛车比赛，是同道争先类项目，也是比战术、比体能、比头脑的项目，还是冬奥会赛场上的争议最多的项目。

1965年，作为滑雪爱好者的美国人谢尔曼·波彭（Sherman Poppen）仿照海上冲浪板，将滑雪板固定在一起，并在雪板前端设置了控制绳索，制造出第一块单板滑雪板，并在滑雪爱好者群体内广泛流传。由于滑雪爱好者相同的兴趣，经过群体内的人际传播不断完善单板滑雪技术，并制定初步的比赛规则。

在单板滑雪兴起的初期，由于运动员控制雪板的能力较差，经常出现事故，导致许多滑雪场禁止单板滑雪爱好者入内。随着高山滑雪和自由式滑雪以及陆地滑板爱好者们的加入，他们将高山滑雪、自由式滑雪和陆地滑板中的一些技术、技巧和运动形式引进到单板滑雪中，从而使单板滑雪逐渐形成了一个独立的竞技项目。

随着滑雪运动在北美的普及，20世纪70年代，美国摒弃了先前传统的滑雪运动方式，开拓了新的自由式滑雪和单板滑雪项目。自1988年汉城奥运会允许网球职业选手参赛之后，冬奥会职业运动员也开始陆续回归，一些职业高手产生了成立单板滑雪组织和举办单板滑雪比赛的要求。1992年、2002年自由式滑雪和单板滑雪相继进入冬奥会，由此改变了冬奥会雪上项目的格局。这些冬奥会技巧类项目能够顺利进入冬奥会得益于视觉文化的传播，电视转播技术运用慢镜头回放、多角度播放等技术手段，使电视观众享受到视觉冲击力，极大地满足了部分受众的好奇心和感官刺激。尤其在青少年群体中，他们接触媒体的机会多，而他们心智不成熟且社会经验少，很容易使感性因素占据主要位置，他们追求新奇和唯美，对直观的事物更为敏感，容易被视觉的表象所吸引。视觉文化产品在大众传媒商业化运作下，突破各国文化国际传播障碍，把西方运动项目以视觉文化的方式传播出去，提升了冬奥会观赏性，吸引了更多的年轻受众。国际奥委会为了提高媒体的收视率，为了迎合媒体观众的嗜好，达到娱乐大众的目的，加大了运动项目的改革力度。比如速度滑冰集体出发是平昌冬奥会新增项目，取消了传统速度滑冰的内道、外道间的界限，采取独特的计分决胜方式，除了最后终点前三名获得积分外，在比赛途中也有计分点，运动员在比赛中要随时根据场上的变化调整战术，而战术的瞬息变化增加了运动项目的视觉效果，娱乐性也大大增强，拉近了运动项目与观众的距离。

1994年挪威的利勒哈默尔冬奥会，花样滑冰有了职业选手的身影，使比赛更具竞争性。但也出现了一些矛盾，如冬奥会最有观赏性的冰球比赛作为冬奥会的焦点赛事一直备受关注，国际奥委会为了收视率和赞助商的利益，要和北美冰球职业联赛争夺观众和广告的最佳时机。2014年索契冬奥会上，为了吸引北美冰球联赛的球员们参赛，国际奥委会付给了北美冰球联赛1400万美元的补偿款，主要用于运动员的保险。由于职业运动员是以参与比赛获得收入作为谋生手段，往往有较高的运动技术水平。俱乐部签约运动员承担一定的风险，所以职业运动员是否参加冬奥会，要征求俱乐部、联盟的同意。

每届冬奥会，举办国都要发挥高科技手段，通过视觉传播的方式，提高项目的观赏性。如雪车上安装超小型摄像头与5G信号传送器，观众就能从运动员视角看到坡道上以130公里以上时速飞驰的景象，以此迎合市场和受众的口味，使观众有亲临现场的感觉。随着国际交往越来越频繁，视觉文化产品在国际传播中日益显示出优势，和各不相同的文字相比，图像因具有某种世界性的意义而获得广泛的传播。

2. 视觉文化传播成就了全球体育明星

视觉传播就是通过视觉符号进行的传播。符号由符号具和符号义构成，符号具是符号的形式，表现为一种声音、文字或图像；符号义是符号所代表的对象，指向被联想到的事物。符号学布拉格学派的代表人物雅各布森认为，广义的视觉符号，指人类的视觉器官——眼睛所能看到的能表现事物一定性质的符号。狭义的视觉符号主要指那些由图形和色彩构成的符号，即图像符号，是经过某种转换的虚拟图像，也就是二次媒介化的符号。在大众媒介产生之前，人们对体育赛事认知的主要途径是去现场观看体育比赛，而亲临现场用自己的感官去认识、感受现场气氛，需要解读的是运动员的衣着、动作、情节等要素，而个人的专业水平也会影响观看的质量。随着大众媒介的蓬勃发展和传播手段的改进，媒介对体育赛事的传播已经超出了个人感官所能感知的范畴。视觉媒介通过一定技术手段，为人们提供感官的刺激，追求直接、冲击、同步、轰动的效应。因此，视觉文化虽然比印刷文化更能迎合大众的感官需要，但体育竞赛的精彩与运动员的优异表现之所以会受到媒体的选择，主要是因为人们追求成功的本能，人们可以将这些成功的典范转移到社会生活中，成为一种价值观。随着体育商业化发展，优秀运动员的表现在媒体塑造与高频率曝光下也成为媒体观众的焦点，并出现运动员明星化的现象。

全球化时代，运动员的民族、国家身份逐渐模糊，运动员的胜利包含了"本土英雄"和"全球明星"两种身份，球迷、冰迷具有普遍的英雄主义崇拜与特殊的民族国家信仰。2014年索契冬奥会，年仅19岁的日本选手羽生结弦夺得了花样滑冰男子单人滑的金牌，成为亚洲首位冬奥会男子单人滑冠军。羽生结弦作为互联网时代的体育偶像，影响力超出花滑项目本身很多。

羽生结弦在日本就像一个摇滚巨星一样，上至五六十岁的贵妇老太，下至十几岁的花样少女都疯狂追随着他。无论到哪里比赛，观众席上总有一大片举着应援牌的粉丝为他呐喊，得知他喜欢维尼熊，每次滑完后，都有无数人把带来的维尼熊扔到冰场，仿佛下了一场"维尼雨"，以表达对他的喜爱。而羽生结弦每次离开冰场都会几乎180°鞠躬，以表示对在场所有人的尊重。羽生结弦在平昌共收到了超过300个维尼熊玩偶，这些玩偶被送到江陵当地的幼儿园和孤儿院等机构，让更多的人感受到冬奥的温暖。

羽生结弦具有很多吸引人的特质。其学霸的身份让人更容易心动。成年人们看到他会觉得他是理想的小孩；少女们喜欢他清爽的气质和初恋的脸；忙于学业的孩子羡慕他学习好、运动成绩好，是励志标杆；甚至对自己身材不满意的人羡慕他身体纤瘦等。毕竟现实的人生充满了太多的不如意，有个比较理想的形象远远看着也可以让自己的心情愉悦舒畅。

大众文化方面的影响力往往对社会有着更重要和切实的作用，影响着公众对一国文化的认知和理解。大众文化传播也是很复杂的过程，资本的运作、文化规律的掌握、明星的培养等都不是一朝一夕之功。

（三）视觉文化使举办城市受到全球关注

在一段相当长的时期内，举办奥运会所需的资金主要依靠政府拨款、慈善家无偿捐赠和作为权宜之计的一些小型分散的商业活动。当奥运会处于小规模、低水平的发展阶段时，这种运作方式或许是行得通的。但是在第二次世界大战后，奥运会进入快速发展阶段，资源的匮乏便成为影响奥运会生存与发展的主要障碍。进入20世纪80年代以来，和平与发展成为世界主题。各国把发展和增强综合国力视为国家走向繁荣与进步的需要、确立自身在世界舞台地位的需要，以及实现自身战略的重要基础。国家形象的提升需要借助国际传播的手段和方式，国际传播的发展越来越有走向全球化传播的趋势。

1. 视觉文化提升了举办城市的国际形象

奥运会不止是拉动经济增长的重要工具，更是宣传举办国文化特色、提升举办国形象的重要手段，因此举办奥运会也就成为各国竞争的一种方式。1986年，国际奥委会通过投票，决定将夏季奥运会和冬季奥运会以相隔一个偶数年的时段错开举办。而在这之前的1924—1992年，冬奥会和夏奥会都是同一年举行的。分开举办是为了增加电视转播和吸引更多的电视观众。同时，奥运会次数的增加也使各家电视台可以更灵活合理地制订转播计划、分配转播资金，以及吸引更多的观众，使举办城市的曝光率更高。如2014年冬奥会举办城市索契是俄罗斯的一个海边度假小镇，因举办冬奥会而受到全球关注。

2. 视觉文化传播举办国家的文化特色

4年1个周期的冬奥会在世界各个国家举办，对于举办奥运会的国家和城市来说，是一次以文化功势宣示主权的机会，开幕式是集中展示举办国特色文化的舞台，以本国传统文化的符号为原型、以代表国家的视觉符号为要素，它冲破了语言和文字的隔阂，获得直观的感受，使不同国度、不同地区的观众自由地进行感情的交流，图像、影像在认知上的易读性，借助视觉传播形式消弭了文化水平上的差异，实现了真正意义上的跨文化传播的"情境合并"，也缩短了"知识沟"。由于这种通俗易懂的视觉传播方式，加速了奥运会开幕式成为大众娱乐的形式，吸引了全球观众的好奇心，成为大众文化消费的主要内容。各举办城市和而不同的奥运视觉形象展示，日本在东京奥运会期间为了重塑和平形象的心愿，开幕式圣火点燃的火炬手选择用19岁的早稻田大学生坂井义则，他出生于广岛原子弹爆炸那一天，在奥运价值观中，奥林匹克圣火是和平的象征，由坂井又则点燃火炬，显示了日本对重塑和平形象的心愿，引发了全球媒介和全球受众的关注。

2008年北京奥运会开幕式以一个接一个的视觉奇迹吸引了全世界40亿人的目光。张艺谋导演把艺术表演技巧和文化传播规律用到开幕式现场，承载着中国文化精髓的巨幅画卷徐徐展开的那一刻，场内十多万观众以及同时观看电视直播的世界几十亿观众都为之震撼，五千年的文明古国以视觉传播的方式完美展现。这是有史以来场面最宏大、表演最精彩、点火最富创意的奥运会开幕式。

视觉文化的这种狂欢功能，似乎宣泄了一种文化的矛盾，感性的视觉狂欢，是中国传统文化与现代科技的完美结合，使娱乐功能大大强化。奥运会文化传播从精英文化向大众文化转变，北京奥运文化传播是中西体育文化融合的完美诠释，彰显了中国传统文化的特色和魅力，将中国传统文化的源远流长和博大精深展现于世界，为奥林匹克运动和世界留下了一份独特的奥运文化遗产。

三、国家形象对冬奥会文化传播的影响

经济的全球化与传播的现代化，使国际体育赛事获得了发展的空间，国家形象作为信息的载体大幅增值。形象的视觉冲击力成了"挡不住的诱惑"，奥运会是一个国家和一座城市渴求的宣传良机。

积极的国家形象有利于世界认可举办国的文化传统和价值观念，进而增强

其在国际社会的话语权和影响力。通过举办冬奥会宣传本国文化，是发展中国家积极申办国际大型体育赛事的目的。从"冷战"结束到现在，世界上许多国家尤其是西方发达国家加大了对发展中国家的文化输入，以抢占市场。在北京夏季奥运会筹备和举办期间，中国向世界展示了良好的政府、公众和媒体的形象，这些形象的提升得益于奥运期间高水平、高质量的服务工作，市民素质的提高和媒体的广泛报道，使世界认识了蒸蒸日上的中国形象。

西方抵制冬奥会违背奥林匹克精神，形成负面的国家形象。2014年，美国官员因乌克兰问题未出席索契冬奥会。历史上也多次出现各国之间的政治冲突，如1980年，一些国家因阿富汗问题抵制莫斯科奥运会，作为回应，一些东欧国家未派队参加1984年的洛杉矶奥运会。

以冬奥会为传播平台，增加了国家之间的文化交流。公共外交是一种面对外国公众，以文化传播为主要方式，说明本国国情和本国政策为主要内容的国际活动，它对政府的外交工作有相辅相成的支持意义。当今世界，通过国际对话消除国家间的分歧，通过交流应对共同面临的挑战，通过合作共同把握发展的机遇已成为主流意识。一个国家要生存和发展就必须克服消极因素，发挥积极因素，遵守国际法则，尊重不同文明，努力促进国家与国家之间、民族与民族之间的和睦相处，其中，体育文化可起到桥梁和纽带的作用。

体育运动以其天生的特质和亲和力成为"世界通用语言"。从中华人民共和国成立到改革开放这一时期内，西方国家对中国实施孤立和封锁，如何突破西方的包围圈是我国外交战略的首要任务。在体育领域，主要是为了争取有利的国际环境和树立国际新形象。

第五节　中国参与、举办冬奥会对国家形象塑造的意义

国际社会是一个由主权国家、大量政府间国际组织和国际非政府组织所组成的体系。在国际社会中，国家作为一种团体身份，主权国家是当之无愧最重要的组成部分，也决定了国际间的信息传播与交流绝大部分是发生在不同的主权国家之间。不同的主权国家，它们的国家理念不同，所奉行的政治、法律、文化等制度也有很大差异，表现为不同意识形态对话语权的争夺。体育承载着国家强盛、民族复兴的梦想。中华民族实现了从"东亚病夫"到站起来，从站起来到富起来，再从富起来到强起来的伟大飞跃，我国运动员在冬奥会的表

现，是体育事业蓬勃发展的生动缩影。

一、参与冬奥会的政治诉求：国家身份的认同

1949年中华人民共和国成立后，由于"冷战"开启的错综复杂的国际环境，中国在世界上处于相对封闭状态，除与苏联及东欧国家合作外，对西方国家基本上持排斥态度。1952年中华全国体育总会成立，并派运动员参加了第十五届赫尔辛基夏季奥运会。与此同时，中国的冬季运动也进入了新的发展时期。1953年和1957年，我国先后在哈尔滨市和通化市举行了第一届全国冰上运动会和第一届全国滑雪运动会，极大地推动了冰雪运动的开展。为加强对冰雪项目的管理和国际交往，1956年成立了中国冬季运动协会，并于同年加入了国际滑冰联盟和国际冰球联合会。国家体委（现国家体育总局）从1959年开始举办全国冬季运动会，每4年一次，比赛项目包括速度滑冰、花样滑冰、冰球和滑雪。

1978年中国实行改革开放之后，经济开始飞速发展，国际地位不断提高，国际影响力不断加深，国际话语权不断增强。中国自1979年重返国际奥委会舞台，中国恢复与西方社会的全面交往，并通过快速的经济发展逐步获得了与之平等对话的地位。1980年中国体育代表团参加了在美国的普莱西德湖举行第十三届冬奥会，五星红旗第一次在冬季奥运会会场迎风飘扬，这是我国自从恢复奥委会合法席位之后首次参加冬奥会，在我国体育发展史上具有划时代的意义，同时标志着我国冬季体育开始走向国际化，使中国成为国际体育运动大家庭中的一员。

但当时我国竞技体育水平与竞技体育强国存在很大的差距，如何提高冬季运动竞技水平成为一项重要课题。国家在全面总结中国冬季运动发展历程和分析国际冰雪运动发展形势的基础上，根据国情对冰雪项目的布局进行了调整，将速度滑冰短距离、短道速滑、花样滑冰女子单人和双人列为重点项目，作为振兴中国冬季运动的突破口，并提出了实现冬奥会突破奖牌和金牌零的目标。

1992年邓小平的南方谈话对中国20世纪90年代的经济改革与社会进步起到了关键的推动作用。邓小平强调，改革开放的胆子要大一些，敢于试验，看准了的，就大胆地试，大胆地闯。这种敢为人先的改革精神激励了伟大的中华民族，同时也鼓舞了远在法国阿尔贝维尔冬奥会上奥运健儿。在女子速度滑冰

500米项目中,叶乔波以40秒51的成绩获得亚军,这是中国第一次在冬奥会上取得奖牌,实现了"零的突破"。在1994年的冬奥会上,陈露为我国斩获了中国花样滑冰项目的第一枚冬奥会奖牌(铜牌)为我国花样滑冰奠定基础。在1998年日本长野冬奥会上,中国健儿杨扬一人独揽3枚银牌,中国队获得6枚银牌2枚铜牌,位列奖牌榜第16位,这是我国自参加冬奥会以来获得银牌最多的一次。

这一时期我国的奥运传播具有单一的集体政治话语与宣传的功能指向,将奥运会等世界赛事作为政治表态的窗口,强调体育竞赛应服务于国家荣誉。包含着民族共同体的情感诉求,运动员的获胜成为提升民族自信心的重要指标,奥运冠军也被赋予了民族英雄的神话气质,被赋予民族复兴的期待。从文化传播的视角来看,对外展示我国社会主义制度的优越性,成为突破外交瓶颈的有效手段,国际体育赛事成为我国软实力不可或缺的一部分。

媒体对公众关于国家形象的判断起着重要作用。中国民众和媒体开始了对奥运前所未有的关注,媒体围绕奥运传播不断形成高潮。但由于我国冬奥会成绩远不如夏季奥运会,故中国媒体的关注度并不高。

二、金牌诉求:国家荣誉的认同

2002年盐湖城冬奥会杨扬夺得500米短道速滑的冠军,实现了中国冬奥会上金牌"零的突破",与1984年许海峰的夏季奥运会首金相差了18年,这一年是中国冰雪运动发展史上的一个里程碑,也是我国冬奥会的一个转折点。杨扬获得女子短道速滑500米和1000米的金牌,这不仅仅是简单的一枚金牌,蕴含着深刻的意义,是中国冰雪项目首金突破,同时也是改革开放后我国展现竞技体育强国制度优势的又一次考验。在2006年意大利都灵冬奥会上,韩晓鹏在自由式滑雪男子空中技巧项目上夺金,同时也证明了我国雪上项目的进步和发展。2010年加拿大温哥华冬奥会,王濛勇夺"三金",申雪、赵宏博开创了双人花样滑冰的中国时代的历史,并取得金牌,中国队最终位列金牌榜第七,这也是当时中国代表团在冬奥会上的最好成绩。在2014年索契冬奥会上,张虹在速度滑冰女子1000米决赛夺金,粉碎了中国大道速滑34年魔咒,可谓最重要的一金。又因为韩国短道速滑名将安贤洙加入俄罗斯籍,代表俄罗斯队出战,大大削弱了韩国队的实力,这也帮助中国队在奖牌榜上首次超过韩国,名列亚洲第一。在2018年平昌冬奥会上，中国短道速滑队出师不利，各种被判犯规出局，委屈和不甘一直笼罩着短道速滑队。武大靖顶住压力，以打破世界纪录的碾压式发挥，在短道速滑男子500米决赛中一路领跑，不给对手任何接触的机会，最终以39秒584的成绩强势夺冠，展现了中国运动员在逆境中不畏强手、奋勇拼搏的精神，用实力赢得尊严，保住短道速滑优势项目的国际地位。（表4）

表4 中国参加冬奥会获得奖牌及奖牌榜排名

届次	年度	举办地	金	银	铜	总数	排名
16	1992	法国阿尔贝维尔	0	3	0	3	15
17	1994	挪威利勒哈默尔	0	1	2	3	19
18	1998	日本长野	0	6	2	8	16
19	2002	美国盐湖城	2	2	4	8	13
20	2006	意大利都灵	2	4	5	11	14
21	2010	加拿大温哥华	5	2	4	11	7
22	2014	俄罗斯索契	3	4	2	9	12
23	2018	韩国平昌	1	6	2	9	16
24	2022	中国北京	9	4	2	15	3

改革开放之后，中国经济快速发展，综合国力不断增强，在国际上，西方国家一些别有用心的政客、学者和媒体开始把中国的发展视为一种潜在威胁，不断炮制和鼓噪各种版本的"中国威胁论"和"中国崩溃论"，给中国的国际形象造成了许多消极影响。

我国从1980年到2022年40多年间，从参与冬奥会赛事到"零的突破"再到"首金"的获得，这不仅是冰雪运动的成就，更是改革开放40多年的成果，是改革开放初期经过长期努力到进入中国特色社会主义新时代的见证。坚持把竞技体育的最高目标放在培养能够在奥运会上争夺奖牌的项目以及人才上，即要在短期内，通过提升我国奥运会金牌排位来提升我国在国际上的大国形象。

这一时期，举国体制和精英体育的奥运战略在冬季项目的发展中发挥着重要的作用。2008年北京夏季奥运会的成功举办将提高冬奥会的竞技水平被提到日程上来。随着体育全球化发展，过于强调"金牌战略"、政治宣传色彩过浓等论调，受到人们的非议。由于我国群众体育基础差，"三大球"后备人才乏力，"金牌战略"掩饰下的中国体育体制正暴露出各种弊端，我国冬季体育项目与国际冰雪强国的差距也显现出来,看到差距、弥补差距、恶补短板,成为北京夏季奥运会之后冬季管理中心的工作目标,体育也从政治需求转向全体中国人的根本需要,从社会群体的强制性需求转向个人幸福生活的主动需要。体育过去承载了太多的政治理想,是应该回到它本应该有的本体功能了。

三、举办冬奥会的文化诉求:国家形象的彰显

进入21世纪以来,支持中国国家形象向好的主要因素是中国经济的发展强势,但面向未来,中国的国家形象需要重新调整,因为全球范围内国家形象建构的重心已从"冷战"时期的政治话语、经济全球化高潮期的经济话语转向文化话语。北京冬奥会之后,国际社会中的中国形象并没有得到根本性的扭转,究其原因,是经济利益的角逐、国际权力的分配、历史文化的积淀等因素错综复杂。在"和平与发展"成为时代主题的前提下,中国文化形象的建构与传播以及外界对中国形象的认知与评价,使中国愿意融入世界文化体系,承担负责任的大国形象。

2015年7月31日,国际奥委会第128次全会在吉隆坡举行,北京申冬奥代表团团长、国务院副总理刘延东率领申办代表团参加会议,并进行了陈述,最终北京获得了2022年第24届冬奥会举办权,中国人民又一次圆了奥运会在北京举办的愿望。至此,北京成为世界上第一个既举办过夏季奥运会,又举办冬奥会的"双奥城市"。我国申办冬(夏)奥会之路并不平坦,但我国坚持不懈、持之以恒地表达出对奥林匹克精神的强烈诉求,最终赢得了国际社会的认可,传递出热爱和平、积极参与国际事务和对国际社会富有责任感的大国形象。"以运动员为中心、可持续发展、节俭办赛"是北京申办2022年冬奥会提出的三大理念,充分展示了我国顺应时代潮流对人文奥运和人权民主的深刻理解。以"纯洁的冰雪·激情的约会"为主题的申办口号充分体现了冰雪是纯洁的象征,冰雪运动是充满激情和活力的运动,也体现了冬季奥林匹克运动特点,体现了中国人民对国际奥林匹克运动的热情、对冬奥会的渴望,展现了中国梦和人民健康向上的精神风貌,激发了全社会支持申办的巨大热情和爱国情怀。

通过举办奥运会塑造"和平发展"的国际形象。"和平发展"既是当代中国对自身角色、未来形象的定位,也是中国对亚洲乃至世界所作的历史性重大承诺。中国和平发展的不懈追求是:对内求发展、求和谐,对外求合作、求和平。具体而言,就是通过中国人民的艰苦奋斗和改革创新,通过同世界各国长

期友好相处、平等互利的合作，让中国人民过上更好的日子，并为全人类发展进步作出应有贡献。在奥运会的举办过程中，利用各种文化交流活动和国际传媒，向世界展示中国蓬勃发展的同时，也把中国"和谐"的思想理念、新时代中国形象传向世界。

　　回顾中国40多年的冬奥之路，从无到有，是中国几代冰雪人努力的结果，中国体育代表团在北京冬奥会上实现了7个大项、15个分项的全项目参赛，在中国冰雪发展道路上创造了历史。在筹办、举办冬奥会期间，中国积极参与奥林匹克运动，坚持不懈弘扬奥林匹克精神，加强中外体育交流，推动东西方文化交融，展示中国新时代形象。

第六章 冬奥会文化传播与国家形象的关系

第一节 冬奥会竞技体育强国的传统优势

一、体育运动项目归属感形成的"心理优势"

冰雪运动是冬季奥林匹克文化的载体,只有被国际奥委会承认的国际冬季单项体育组织所辖的运动项目,并且男子项目在世界两大洲25个以上国家和地区、女子项目在20个以上国家和地区开展,才允许列入冬奥会。国际奥委会承认的7个国际冬季单项体育组织,分别为国际滑冰联盟、国际冰球联合会、国际滑雪联合会、国际雪车联合会、国际无舵雪橇联合会、国际现代五项和冬季两项联盟以及世界冰壶联合会。

具体项目设置如图3所示。按照国际奥委会对比赛场地要求,本研究归为两大类,即冰上项目和雪上项目。冬奥会冰上项目的场馆均为室内,受外部环境的影响较小,雪上项目均为室外,受举办城市的气候、雪场的地域条件影响较大。雪上项目占总项目的三分之二,因此有"得雪上者得天下"的说法。

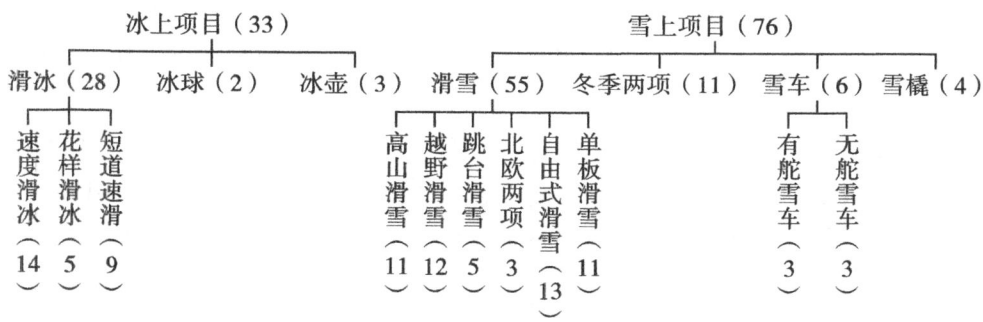

图3 2022年北京冬奥会项目设置

表5 冬奥会项目发源地及进入时间

编号	项目	发源地	男子项目进入时间（女）
1	速度滑冰	荷兰	1924（1960）
2	花样滑冰	英国	1924（1924）
3	冰球	加拿大	1924（1998）
4	越野滑雪	北欧地区	1924（1952）
5	北欧两项	北欧地区	1924（无）
6	雪车	瑞士	1924（1998）
7	跳台滑雪	挪威	1924（2014）
8	高山滑雪	阿尔卑斯地区	1936（1936）
9	钢架雪车	瑞士	1928（2002）
10	冬季两项	挪威	1960（1992）
11	无舵雪橇	北欧地区	1964（1964）
12	短道速滑	加拿大	1992（1992）
13	自由式滑雪	美国	1992（1992）
14	单板滑雪	美国	1998（1998）
15	冰壶	苏格兰	1998（1998）

从冬奥会项目进入时间来看（表5），速度滑冰、花样滑冰、冰球、越野滑雪、北欧两项、跳台滑雪和雪车共7个项目是1924年第一届夏蒙尼冬奥会进入的。地理气候条件是冬季冰雪项目开展的先决条件，斯堪的纳维亚半岛地区冬季雪多，雪期长达5个月。从项目起源国家来看，有5项起源于北欧国家。越野滑雪从最初人们的一种狩猎方式及交通工具，逐渐发展成为一种锻炼身体的方式，并最终成为一项体育竞技项目，其间经历了一段长时期的发展及演变过程。在越野滑雪和跳台滑雪的基础上衍生出的北欧两项，被称为北欧的传统项目，具有悠久的文化历史，是冬奥会的标志性项目。北欧地区的瑞典、挪威等国家的优势项目主要集中在越野滑雪和冬季两项上。

起源于阿尔卑斯山地区的项目有高山滑雪、雪车、钢架雪车。从地形和气候来看，阿尔卑斯山可谓得天独厚，低纬度，高海拔，山脉挡住了来自地中海、大西洋的暖湿气流，形成丰富降雪。大雪纷飞，但气温不过零下二三摄氏度。

阿尔卑斯山非常有利于高山滑雪、雪橇、冰橇的开展，环绕阿尔卑斯山的国家，无一不具有浓厚而悠久的冰雪运动传统。而阿尔卑斯山地区的德国、法国、奥地利、瑞士等国家凭借地域的优势，在众多冬季项目上具有很强的竞争优势。

花样滑冰和冰壶是起源于英国的项目，早期项目具有明显的贵族标签。冰雪运动项目是由欧洲地区逐渐向北美地区扩散，并由重视体能类项目向体能、技巧类项目发展。起源于北美国家的项目有冰球、短道速滑、自由式滑雪和单板滑雪，这4个项目观赏性很强，职业化程度较高。北美四大职业联盟之一的冰球，具有很强的"吸金"能力，也是冬奥会上职业化程度最高的项目。随着体育全球化、商业化的发展，以及电视直播技术的运用，冰球等具有观赏性的项目被吸纳进冬奥会，更好地迎合了观众和转播商的要求。

项目的起源、归属的差异是导致西方国家掌握冰雪竞技体育话语权的根本原因。由于冬奥会项目大多起源于欧美国家，他们对这些运动项目自有一种天然的"占有感"，一种源自于潜意识的"心理优势"，一个国家的优势项目也能带来某个时段的话语权。欧美是冰雪运动项目的重要发源地之一，在冬奥会项目的发展上具有重大的影响力。发展中国家由于政治、经济等方面的原因，体育运动发展呈现出落后和依附的特征，欧美等西方竞技体育强国不断把本国的体育运动项目输出到发展中国家。文化输出的重大意义在于增加文化主体对他者的吸引力，使发展中国家愿意认可、接受并效仿，使全球文化呈现出一种加速"同质化"的趋势，近代工业化和市场经济的蓬勃发展，更加强化了西方文化"力图对抗自然，战胜超越对手"的竞技特点。在冬奥会项目中，突出表现为强调通过增强机体的力量超越生理极限、挖掘人体的潜能，在运动中展示自我激昂的意志，向自然挑战的精神，实现个性张扬的诉求。

从图4可以看出，小项增速很快，几乎每届冬奥会都有新增项目，但从项目增加的趋势来看，在1984年冬奥会商业化运作之前，奥林匹克运动缺乏资金支持，运动项目的发展受到限制，从第1届冬奥会14个小项到第14届冬奥会的39个小项，增幅在2.8倍左右，从第15届冬奥会之后增速较快，每届冬奥会小项增长大致在10项左右。自1992年国际奥委会将冬、夏季奥运会安排在不同年度举办，使冬奥会可以自主进行商业运作，增加了运动项目的吸引力。近年来，奥运会项目过于庞大，举办城市不堪重负，引起了国际社会的关注。国际奥委会《2020年奥林匹克议程》一直围绕着运动项目进行改革，而前任的国际奥委会主席罗格在位期间也在为奥运会"瘦身"进行了大刀阔斧的改革，目的都是为了减少举办城市的压力，推动冬季项目的发展，冬奥会一直秉持着，大项不变，增加小项的原则。以2022年北京冬奥会新增项目为例，具体分析冬奥会运动项目的变化趋势。

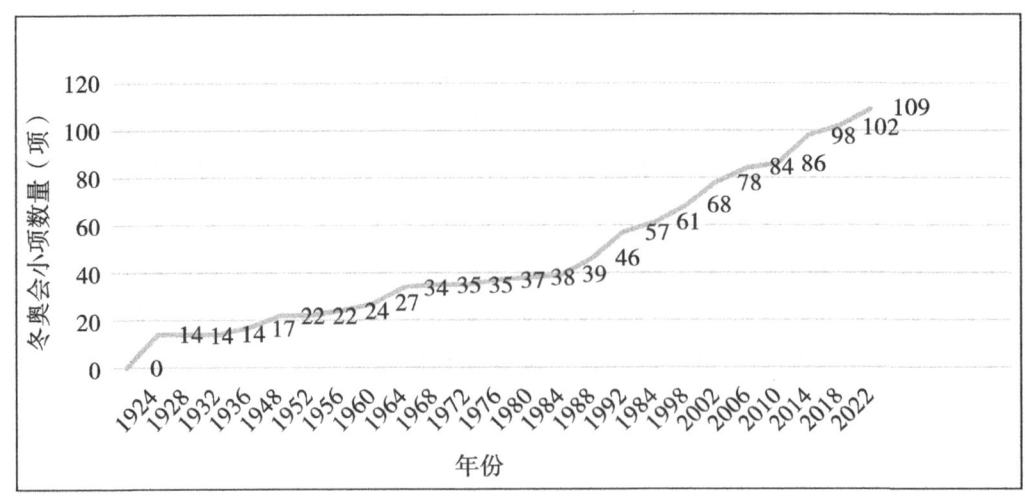

图4　冬奥会小项的增长趋势

北京2022年冬奥会项目设置新增了7个小项，分别为女子单人雪车1项，短道速滑混合团体接力1项，跳台滑雪混合团体1项，自由式滑雪男子、女子大跳台共2项，自由式滑雪空中技巧混合团体1项，单板滑雪障碍追逐混合团体1项，小项总数达到了109个。中国作为东道主国家，在短道速滑混合团体接力和自由式滑雪空中技巧混合团体2个项目中占有优势。

从近几届冬奥会项目的变化来看，呈现出以下特点。

（1）男女项目设置更加均衡发展。国际奥委会继续致力于使奥运会更具有活力，并且让参赛运动员达到性别比例平衡。2022年北京冬奥会女性运动员比例增至45.5%，成为参赛女性运动员最多、女子小项最多、男女运动员比例最平衡的一届冬奥会。除了北欧两项没有设置女子项目，其余项目基本达到了男女均衡发展。

（2）新增的项目不会加重举办城市负担。国际奥委会承诺，新增的小项不会与2022年冬奥会既定场馆整体规划发生冲突，不用额外增加竞赛场地。因此不需要新场馆和比赛用地，符合《奥林匹克2020议程》降低冬奥会运营成本的建议。

（3）增加观赏类、具有市场潜能的运动项目。随着体育全球化、商业化的发展，一方面，让运动员借助科技、大众传媒的力量，在冬奥会上有更好的表现。明星运动员媒体曝光率的增加，使他们获得更多的商业价值，职业运动员更希望参加北京冬奥会这样具有市场潜力的赛事，以此提高明星运动员的知名度，符合国际奥委会和我国申办冬奥会时提出的"以运动员为中心"的价值理念。另一方面，让观众有更好的观赛体验。冬奥会是全球化的冰雪盛会，同时也是展示我国科技创新的绝佳舞台。自2008年北京奥运会以来，我国在科技领域获得了较大的发展，自英特尔2017年成为奥林匹克全球TOP合作伙伴以来，其携手产业合作伙伴，利用人工智能、5G、VR等创新技术，展示科技如何改变奥运的未来，以及科技如何在奥运之外与消费者如何产生互动。因此，举办冬奥会也是科技大展身手的舞台，具有市场价值的运动项目是国际奥委会新增项目考虑的重要因素。

（4）新增项目更符合年轻人的喜好。国际奥委会第129次全会上宣布滑板、竞技攀岩、冲浪、棒垒球和空手道等5个项目成为2020年东京奥运会正式比赛项目。奥运会要把运动项目推向年轻人，激励更多年轻人实现梦想。这些项目在全球都很流行，与城市运动结合得更紧密，使百年奥林匹克在时尚炫酷项目上又迈出了重要的一步。滑板、冲浪和攀岩在青少年群体中拥有广泛的群体基础，他们都极富挑战性，具有自我展示特质，形成了各自的流行文化。这些项目的加入将为奥林匹克运动增添"炫酷"气质，带来更多灵感和创意。空手道属于东道主日本的强势项目，而棒垒球曾经离开过奥运会，又重新回归。冬奥会的单板滑雪、自由式滑雪等世界极限运动项目，近年来受到青少年的青睐，而参赛的选手都是职业运动员，具有高超的运动技能，增加了冬奥会的看点。

冬奥会吸引了世界民众广泛参与，进一步推动冬季项目全球化发展，西方发达国家在综合实力、资金、运动技术等方面占有绝对优势，我国参与冬奥会时间较短，与世界竞技体育强国差距较大，因此我国在北京冬奥会的目标是全项目参赛。虽然在冬奥会项目归属感不具有"心理优势"，但冬奥会在世界各国轮流举办，在开幕式和闭幕式等环节融入了举办国的民族文化元素，并得到认同和传播，只有多种体育文化受到尊重才能促进世界体育文化的进步和繁荣。比如乒乓球作为中国的"国球"，并不起源于中国，但乒乓球在项目发展过程中，很多技战术都融合了中国人的智慧，中国在国际单项体育组织中也有一定的话语权。因此体育运动项目的起源只能代表历史的印记，要想项目可持续发展，群众基础是关键，是冬奥会文化传播的根基。

二、冬季体育运动项目规则的文化霸权

文化霸权随着竞技体育实力和文化影响力等方面的发展变化呈现出相应的变化，一个国家的优势项目能带来某个时段的话语权。部分国家以规则为庇

护、道貌岸然地站在规则的角度、有失偏颇地"合理"利用规则，成了和谐奥运会的不和谐隐患。冬奥会历史上也出现过因为规则的差异所引发的冲突，如第三届冬奥会速度滑冰采用的北美竞赛规则，使欧洲运动员非常不适应，引起了欧洲各国的抗议。随着冬季单项体育联合会介入冬奥会，因竞赛规则引起的冲突越来越少，但欧美国家在项目上具有绝对的话语权，在项目规则方面具有权威性。即使是我国的优势项目短道速滑，在规则方面也处于被动。

竞赛规则是为了避免竞赛中人为因素和客观因素的影响，使所有参赛运动员在条件均等的情况下进行公平竞赛，对竞赛中所采用的技术、器械和行为等作出一定的限制和规定。竞赛规则是比赛得以顺利进行的重要保证和基本依据，规则规定的技术规范和行为准则表现在动作的内容、数量、规格与人体运动形式和运动能力的联系上，它既要反映出某项运动项目所采用的技术、战术的合理性，也要引导和促进该项目的技术向前发展。竞赛规则作为参与者必须遵守的赛场法则，在运动项目发展中扮演着重要的角色。

短道速滑项目是从速度滑冰（大道）项目分化出来的，当时在加拿大，冰球运动十分普及，速度滑冰爱好者为了摆脱室外的严寒气候，经常聚集在冰球场地训练或追逐比赛，由于室内跑道长度较短，所以就被命名为短道速滑。短道速滑属于同道争先类项目，运动员不必考虑所用时间长短，是人与人之间比智慧、比战术的项目。因此比赛中会受到各种因素的干扰，其中"犯规干扰"是一个主要类型，它是运动员以犯规行为对他人在技术、战术方面造成一种消极影响或破坏，这些影响会不同程度地干扰运动员正常水平的发挥，严重时会导致竞争的失败或出现伤害事故。在2010年温哥华冬奥会后，国际滑联对项目规则进行了修改，其中最重要的举措便是引入了"肩并肩"理论。为了鼓励选手们更多地尝试超越，这条规则规定：超越者只要与被超越者肩部齐平，即视为完成超越，由此引发的碰撞全部由被超越者负责。新规则的颁布让当值主裁拥有了更多的权力，任何犯规的判定都取决于毫厘之间，"肩并肩"的情形是否达成完全取决于裁判长的个人判断。相比于欧美选手，中国队在适应新规则方面明显落后，在多次争议判罚中，中国选手往往成为失意一方。高频率的被判犯规也成为制约中国队成绩的最大瓶颈。

规则对短道速滑项目的影响较大，平昌冬奥会的短道速滑赛场可谓风云迭起。虽然各国名将以精彩绝伦的表现不断刷新着世界纪录，但是，裁判员的一系列"争议判罚"反倒成了本届冬奥会短道速滑赛场上的热门话题。比赛期间，包括中国队在内的各国短道速滑队屡屡受到裁判的犯规判罚，被取消比赛成绩。本届赛会，短道速滑裁判组共作出50次犯规判罚，其中，四强国家犯规次数占总犯规次数的52%。中国队被判犯规的次数更是多达9次，与加拿大队一起高居犯规榜首位（表6）。

表6 平昌冬奥会短道速滑四强国家代表队犯规统计表

代表团	犯规总数（次）	男子犯规总数（次）	女子犯规总数（次）
中国	9	4	5
加拿大	9	3	6
美国	5	3	2
韩国	3	1	2

中国队的犯规情况具体如下：①男子1000米预赛的争夺中，任子威和韩天宇与韩国选手徐一拉出现身体接触，双双被判犯规出局。中国队的集团优势也瞬间被瓦解，单枪匹马的武大靖在四分之一决赛中折戟，并同样受到了犯规判定。②女子1000米半决赛，曲春雨在超越韩国选手崔敏静时发生身体碰撞，影响了对手的速度，被判犯规。③范可新和曲春雨在女子500米半决赛中因手上有动作，被裁判判罚犯规。④武大靖在男子1500米半决赛中，由于在外道强行超越时和对方选手发生了碰撞，被裁判判罚犯规。⑤韩雨桐在女子1000米预赛中，从内道超越时有伸手阻挡嫌疑被判犯规。⑥女子3000米接力决赛中，中国队最后一棒范可新与韩国选手崔敏静产生了轻微的身体接触，被判罚犯规，也把到手的银牌拱手相让。

平昌冬奥会上，当我国频频出现犯规时，裁判对韩国队的判罚自然成为我国关注的另一个焦点。但从具体判罚次数来看，韩国队是几个传统豪强中被判罚次数最少的。除崔敏静在女子500米决赛中与加拿大选手相撞被判犯规外，其余两次都是与自己队友发生的碰撞。也就是说，韩国选手与其他国家选手发生的碰撞中，只被判了一次犯规。而最具争议的一点出现在女子3000米接力的角逐中：在交接棒过程中，韩国一名队员提前上到赛道，导致加拿大队员摔倒。但这种不按比赛规则，提前占据交接棒位置的行为却没有被裁判视为犯规。借此，韩国队一举拿下了女子3000米接力的冠军。此次韩国队在家门口参赛，可谓是坐拥了天时、地利、人和。而这种具有争议性的判罚，不禁会让人产生"韩国滥用东道主权利"的遐想。面对接二连三的诡异判罚，中国短道速滑队主教练李琰在赛后与裁判长进行沟通，并表示提出申诉，希望得到一个合理的解释，但最终却以申诉超时为由被国际滑联驳回。短道速滑的激烈程度和比赛结果经常出现的偶然性，是各大媒体关注的焦点领域。在竞赛活动中，参赛各方的利益冲突日益增加，技术规范和社会行为准则上的矛盾亦逐渐突出，竞赛过程中"特殊情况"时有发生，也就使得竞赛规则必须作出相应的修改和补充。

　　相比短道速滑项目的争议不断，花样滑冰项目却是稳中推进，竞赛规则经历着在发展中变化、在变化中发展的过程。花样滑冰将滑冰技巧和舞蹈体操等艺术表现形式完美结合在一起，因自身极高的表演性和观赏性深受大众喜爱。在冬奥会冰上项目中，花样滑冰在冬奥会出现时就带有雅趣文化的标签，受到欧洲贵族阶层的追捧，因此也被欧洲媒体誉为"皇冠上的明珠"。而冬奥会发展到今天，体育与艺术完美结合的运动项目同样成为大众文化的精品，花样滑冰以它自身的优势，在媒体技术发达的今天，更容易获得大众的认同和广泛传播。

　　随着花样滑冰项目的不断普及、提高和发展，其竞赛活动中参赛各方的利益冲突日益增加，使得竞赛规则不断得到修改和补充。花样滑冰项目需要节目编导掌握竞赛规则，要求运动员自身必须具备优秀的冰上艺术表现力和高超的动作技术水平以及良好的身体素质。而在主观类评分项目上，欧美国家在运动项目规则上有绝对的权威，文化的相通使他们的艺术展现容易形成共鸣。花样滑冰从欧美传入我国的时候，很多人对这项运动知之甚少，经过多年的发展，中国拥有了很多优秀的花样滑冰运动员，比如双人滑运动员申雪/赵宏博、隋文静/韩聪，还有男子单人滑的闫涵，都在国际大赛中取得令人瞩目的成绩，得到了世界的认可，这些世界级选手已经收获了一大批冰迷。我国在花样滑冰项目上始终在高、难、巧上花费更大的功夫，冲击着人类的极限，凭借举国体制的制度优势，获得了超常规的发展，但节目舞蹈艺术的展现和艺术感染力与西方国家有着较大的差距。生长在中国的本土运动员在技术动作的展示和教练组在舞蹈编排、音乐选取上必定受到西方文化的影响，而欧美国家在竞赛规则、音乐舞蹈方面拥有绝对的话语权。国际滑联主席辛匡塔评价中国花样滑冰："中国选手可以多选取一些西方的音乐，学习国外选手的艺术表现力，裁判同样也很重要，中国不仅需要培养教练员和运动员，也要培养自己的花滑裁判。"

　　近年来，国际滑联对花样滑冰竞赛规则进行了改革，重点是降低跳跃技术动作的难度，增加稳定性，关注技术动作完成的流畅性。规则的调整，保护了运动员的人身安全，提高了电视转播的效果。如果运动员一味挑战难度，必定会影响技术动作完成的成功率。追求高难动作也容易形成国家技术壁垒，不易于文化的传播与交流，更不利于花样滑冰运动项目的普及。从西方霸权理论来看，随着经济全球化，西方主导的运动项目为了易于传播，越来越趋向于商业化和娱乐化，国际滑联为了迎合受众的欣赏水平，利用媒体技术的优势，加快对体育观赏性文化产品的输出。俄罗斯"冰王子"普鲁申科曾经以四周接三周再接三周跳，创造了男单的全面四周跳时代。2010年温哥华冬奥会花样滑冰男子单人滑比赛中，普鲁申科在自由滑中完成了后外点冰四周加三周连跳，却意外地输给了没有使用四周跳的美国选手莱萨切克。莱萨切克之所以能赢，是因为他在自由滑中尽管没有分值较高的四周跳跃，但他将8个跳跃动作中的5个放在了节目的后半程，其中包括一个高难度的三周半跳跃，而且动作的流畅性、完成度，以及艺术表现力都非常好，赢得了裁判们的认可。因此，竞赛规则的改革，将推动运动项目在全球范围内的普及，各国开始重视技巧表演类项目的艺术表现力，也容易形成优秀运动员的比赛风格。

日本花样滑冰名将羽生结弦在2018年平昌奥运会男子决赛上的表现，诠释了如何在西方主导的运动项目中融入东方艺术文化。他依托日本古典戏剧形式"狂言"，搭配融入了和笛、太鼓等日本古典音乐元素的《阴阳师》配乐，在东方古典元素的冰上舞蹈中配上改良后的传统服饰，在冰场上翩翩起舞，以近乎完美的表现获得冬奥会花样滑冰男子单人滑冠军。

第二节 西方竞技体育强国的媒介垄断

世界主要的传播媒体大部分集中在发达国家，这使得发达国家在拥有强大的军事、经济实力之外，还能够凭借强大的国际传播能力，来巩固和提高自己在国际政治中的垄断地位。发达国家的国际传播对国际关系的密切关注与影响，表明发达国家牢固地树立起了全球意识和世界意识，正是这种意识使其投入巨大的人力、物力、财力致力于国际传播，从而在国际关系中始终处于十分有利的位置，控制全球传媒界，发出自己的声音。

国际传播领域中的信息流动呈现出"中心—边缘"的特点，即由发达国家向发展中国家流动，西方一些发达国家在体育传播中凭借资源和话语权优势，对新闻传播的价值观使用双重标准，违背了客观、公正的基本原则。纵观冬奥会发展历史，无论是竞技实力还是文化传播，都是由北欧国家的中心区域向欧洲的阿尔卑斯地区、北美区域扩散，20世纪80年代之后，随着亚洲经济的崛起，才辐射到亚洲地区。因此欧美一直处于中心区域，而亚洲等其他地区处于边缘位置。

一、议程设置：操控体育舆论的走向

议程设置的直接表述最早见于1958年诺顿·朗的一篇文章的观点，"某种意义上，报纸是设置地方性议题的原动力"。1963年，伯纳德·科恩在《报纸与外交政策》一书中说，"媒介在使人们怎么想这点上很难奏效，但在使人们想什么这点上却十分有效"，说明传播对受众施加影响的最有效方式之一是设置议程。它的核心观点是大众传媒往往不能决定人们对某一事物或意见的具体看法，但可以通过提供信息和安排相关的议题来有效地左右人们关注那些事实和意见及谈论的先后顺序。大众传媒可能无法影响人们怎么想，但可以影响人们想什么。新闻媒介可以通过选择报道对象，来制造社会的中心议题并最终左右社会舆论的形成。公众对国际事务的认识和判断主要通过媒体获得，虽然人们并不一定采纳媒体的态度和意见。

西方发达国家媒体常对发展中国家举办冬奥会是否会对本国经济造成影响进行议稿设置。2016年巴西里约热内卢在举办奥运会时开创了南美洲的首秀，在申办成功时引起了全球媒体的热议，但随着奥运会的临近，场馆建设的成本超出申办预算，赛后场馆的利用成为政府的负担，这些问题直到奥运会结束后也经常被媒体议论。如里约奥运会，澳大利亚代表团团长奇利尔曾表示，奥运村出现了大量的问题，其中包括燃气、电力和管道设施的不健全，以及破败的卫生间、漏水的管道，还有暴露在外的电线。各国运动员也通过自媒体表达自己对里约奥运村服务设施的不满情绪。奥运村是各国运动员对举办城市的第一印象，这种负面情绪会引起连锁反应，里约奥运会场馆建设工期拖延，场馆质量问题在奥运会举办之前，已经引起国际奥委会和全球媒体的关注，这些社会舆论严重影响到举办城市的国际形象。在申办时，政府斥巨资支持举办奥运会，受全球经济危机的影响，财政赤字会受到本国民众的怀疑，直接影响国家经济的发展。但场馆建设出现问题又会受到全球媒体的谴责，直接影响政府舆论形象。

举办冬奥会可在短时间内被全世界认知，但对竞赛场馆以及非竞赛场馆进行巨额投资，容易引起民众和媒体的关注。为了使冬奥会在经济上获得成功，投资必须与举办城市的长期发展计划相吻合。申办奥运会的意向是由国家体育政府部门提出的，从被选定为奥运会主办城市的那一刻起，国际各大媒体就开始关注场馆的建设问题，该城市强烈地感受到时间的压力，这是一个不可能延期的比赛，如果无法按时完成设施建设，即刻会受到全世界媒体的攻击，该城市以及国家的形象也因此受到影响。

国家利益是潜在影响媒体话语和表达的最重要因素。十几亿人口以及相应的巨大市场，是我们与欧洲国家截然不同的国情，而这也是可以转化为优势的要素。

冷战结束后，西方媒体抨击最多的就是北京奥运会和索契冬奥会的成本问题。西方关注北京奥运会、索契冬奥会，是因为举办奥运会对外可以展示国家形象、对内可以提振民心士气，西方一些势力不希望中国、俄罗斯通过大型体育赛事凝聚人心。围绕奥运会讨论成本议题，影响议题周期和持续时间较长，容易引起本国民众的担忧。索契冬奥会的"奥运会的安保状况""乌克兰抗议事件"，这些杂音和聒噪在冬奥会前后始终未曾停歇。

在体育全球化时代，媒体在商业化背景下，为了利益把自身的价值逻辑强加给体育，一方面，媒体要寻找具有轰动效果的议题，另一方面，媒体必须对相关议题进行包装。因为受众眼中看到的体育是经过媒体挑选与包装后再呈现给受众的，当人们关注有关奥运会信息时，媒介信息会引导观众的注意力，以此制造社会的中心议程并左右舆论的形成。

二、刻板印象：文化差异背后的体育价值观

刻板印象是一种先入之见，它并非来自切身体验，或者建构于可靠的基础之上。刻板印象（stereotype）是人们对某一特定社会群体的看法，是有关一群人的概括，认为某一群体的成员具有某些共同的属性。如英国人保守，美国人开朗，法国人浪漫。刻板印象可能是正面的，也可能是负面的；可能部分反映实际，也可能会夸大差异，尤其当人们过度概括的时候。个体之间差异很大，没有任何一种刻板印象能够准确描述某一特定群体的所有成员。媒体对冬奥会体育项目的传播内容都是经过挑选的。从商业化的角度来看，

媒体最大的价值在于可以选择体育运动项目与赛事，其次才是报道与评论的角度，然而选择的前提还是必须满足大部分观众与广告赞助商的需求。

性别刻板印象亦称性别偏见，是人们对男性或女性角色特征的固有印象，它表明了人们对性别角色的期望和看法。威廉姆斯和贝斯特（Williams & Best，1982，1990）考察了世界上30个国家的性别刻板印象。发现男性被认为比女性更具攻击性、更有冒险精神、更自主、更具成就取向、更有支配性、更具表现性、更坚定；而女性则被认为更亲和、更乐于付出、更会照顾他人、感情更脆弱、更顺从等。因此，男性更具攻击性，女性更具社交性。

在媒体报道中，女性容易被忽视，对男子运动的报道远多于对女子运动的报道，对女性运动的报道集中在体操、花样滑冰、跳水等项目。从报道量来看，虽然在过去20年里，电视播放女性运动员的时间一直在增加，但是女性运动员只占了整个体育内容播放时间的15%。媒体中的女性运动员大都从事那些强调文雅和审美的运动，比如冬奥会的花样滑冰，媒体在对女性运动员进行评价时会强调运动员的外貌、年龄、家庭等议题。而男性运动员最能吸引媒体报道的是那些强调对抗、身体力量的运动项目，比如冰球一直以来都是冬奥会话题最多的项目。李普曼认为，在形成理智之前，固定成见对我们的意识施加了一定的影响。这些成见的产生受动遗传和民族文化传统因素的影响。

2018年平昌冬奥会冰球比赛是20支球队参加，男子冰球队12支，女子冰球队8支，总共进行52场比赛。CCTV-5转播其中的男冰决赛和女冰决赛，其他大部分比赛由CCTV-5+体育赛事网络频道转播。中央广播电视总台作为电视转播的专业频道，更关注我国的优秀项目或有可能夺冠项目。冰球是我国的弱势项目，男、女项目都没有获得冬奥会参赛资格。对于大众传媒来说，虽然男子冰球比赛有更多的受众群体，有很好的影响力和市场价值，能吸引更多的赞助商的关注，但在我国没有得到观众的青睐，这与我国对冰球文化的认知有关。

2010年温哥华冬奥会，加拿大女子冰球队以2：0的比分击败美国队半小时后，球员们重新冲进冰场，上演了激情的狂欢，狂抽雪茄，痛饮啤酒和香槟。通过媒体报道的渲染之后，国际奥委会奥运会部执行主任吉尔伯特·费利说，那些举动是"我们不愿看到的。不应该在公共场合庆祝"。加拿大冰球协会在一份声明中进行了公开道歉，并对此给国际奥委会和加拿大主办方造成的不利影响表示遗憾。媒体在报道时往往会选择性输入价值观。女性抽烟、喝酒等不良嗜好与温柔的形象不相符，成为媒体负面报道的素材。

冰球是一项难度极高的集体运动，需要运动员同时具有高超的滑冰技艺、娴熟的曲棍球技艺和高度的团队精神。健壮、独立的女性深入体育圈后便吸引了很多不同的目光。冰球运动一直以来都被认为是男人的运动，女性运动员参与身体对抗类项目会受到偏见的待遇，形成刻板印象，这种不雅视频也会对加拿大的国家形象产生负面影响。

第三节　中国体育话语权的缺失

一直以来，中国运动员在冬奥会等世界重大体育赛事中受到不公正对待的事件屡见不鲜。话语权缺失是中国体育媒体报道中出现的高频词。国家花样滑冰队前总教练姚滨说："在国际滑联我们基本没有话语权，很多得分规则都由他们决定。"体育界的很多专业人士认为，我们受到不公判罚的重要原因是在世界体坛缺少话语权。

一、对西方竞技体育项目的盲从

（一）中国体育大国地位的尴尬

西方国家是冬奥会竞赛规则的制定者、竞赛大局的掌控者，而我们只扮演着一个"陪同"的角色，我们应积极参与其中，不断提升竞赛水平。中国是体育大国，但在世界竞技体育的管理、规则制定等核心区域还没有相应的空间发出自己的"话语"。

强大的国家实力和高超的冰雪运动竞技水平缺一不可。运动员若要参加奥运会，首先要获得奥运会的参赛资格。奥运会各项目参赛资格分配办法是由各国际单项联合会分别制定，经国际奥委会审核通过。全项目参赛是指作为东道主，中国队的运动员要努力获得北京冬奥会全部比赛项目的比赛资格，全项目参赛反映了运动员的拼搏精神，也是我国在北京冬奥会取得好成绩的必备条件。中国举办北京冬奥会的目的是推动冰雪运动快速发展，而全项目参赛是检验我国冰雪项目发展的重要指标，也是利用东道主优势向受众普及冬奥会项目的绝好时机。

从1980年中国第一次参加普莱西德湖冬奥会到2022年北京冬奥会，我国共参加了12届冬奥会，从11个东道主的参赛率可以看出，美国在其作为东道主的1980年普莱西德湖冬奥会（38个小项）和2002年盐湖城冬奥会（78个小项）都实现了全项目参赛。加拿大、俄罗斯、日本、意大利的参赛率均超过了94%，南斯拉夫、法国、韩国的参赛率超过了80%，挪威作为东道主的参赛率为77%。

2014年索契冬奥会，中国奥委会派出130人的体育代表团，参加滑冰、滑雪、冰壶、冬季两项等4个大项、9个分项、49个小项的比赛，小项参赛率为41%。2018年平昌冬奥会项目设置7个大项、15个分项、102个小项，中国体育代表团获得了5个大项、12个分项、53个小项的参赛资格，小项参赛率为54%。其中1个大项、2个分项、10个小项首次获得冬奥会参赛资格，1个大项即雪车；2个分项即雪车、钢架雪车；10个小项包括速度滑冰男、女集体出发，混合冰壶，自由式滑雪男、女U型场地技巧，单板滑雪女子平行大回转，跳台滑雪女子标准台，男子四人雪车，男子双人雪车和男子钢架雪车。2个大项没有获得参赛资格的分别为男女冰球和雪橇，3个分项没有获得参赛资格的分别为冰球、雪橇和北欧两项。从中国参加的11届冬奥会来看，参赛资格受限于以下因素。

1. 缺乏专业的雪车雪橇赛道

雪车和雪橇项目被誉为"雪上F1"，是冬季奥运会中最快的项目，时速超过130公里/小时。我国一直没有符合国际比赛规格的雪车雪橇赛道，中国雪橇队于2015年8月成立，但由于国内缺乏专业雪橇场地，2017年第一届全国雪橇锦标赛在挪威利勒哈默尔举行，凸显国内该项设施的匮乏。为举办2022年北京冬奥会，中国在延庆赛区建设国家雪车雪橇中心赛道，该赛道成为世界第17条、亚洲第3条、国内首条雪车雪橇赛道。冬奥会期间，国家雪车雪橇中心承担了雪车、钢架雪车、雪橇三个项目的全部比赛内容，标志着中国具备了承办国际冬季体育赛事的能力。

2. 雪上项目的基础薄弱

从2002年杨扬获得冬奥会首金到2018年平昌冬奥会，我国运动员获得了13枚金牌，雪上项目只有韩晓鹏自由式滑雪空中技巧一枚金牌，平昌冬奥会102

枚金牌中,有70枚来自雪上项目,北京冬奥会109个小项中有76个雪上项目,雪上项目约占总项目的三分之二,因此有着"得雪上者得天下"的俗语,而我国雪上项目起步晚于冰上项目,发展存在诸多困境。

冬奥会项目以越野滑雪、冬季两项、高山滑雪等体能类项目为主,我国雪上基础大项在短期内成绩很难提高。近几届冬奥会中国队的高山滑雪男女运动员均是依靠国际滑雪联合会分配给各成员国的名额参赛。我国受制于气候和山体条件以及地区经济影响,难以修建适合高山滑雪运动的滑雪场,使得高山滑雪项目的普及和推广受到较大影响。2022年北京冬奥会延庆赛区新建的国家高山滑雪中心的雪道,是国内最高等级的高山滑雪赛道,也是国内唯一符合冬奥会标准的赛道。高山滑雪是冬奥会上最刺激、最受瞩目、最具有欣赏价值的项目之一,非常符合电视转播的商业利益。

2022年北京冬奥会中国代表团完成了7个大项、15个分项的"全项目参赛",与平昌冬奥会相比,增加了冰球、雪橇2个大项,北欧两项等3个分项,速度滑冰女子5000米等47个小项,参赛小项、运动员数量均大幅增加。跨界跨项选材为中国冰雪运动实现全面参赛提供了强大助力,使冰雪项目获得跨越式发展。

通过跨项选拔人才,中国得以在各项运动中投入力量,补足短板,拓展冰雪版图。来自赛艇、田径、武术、体操等项目的运动员,通过跨项选材进入雪车、雪橇项目,跨界跨项选材不仅为中国冰雪项目储备了更多的后备人才,更帮助我国从夏季项目体育强国向冬季项目体育强国转变。

(二)举国体制下主流项目发展缓慢

改革开放以后,中国人深刻意识到自己的竞技体育水平的落后和西方竞技体育实力的强大,并逐渐形成了一种较强的西方体育情结,这种情结使中国人虚心学习西方、模仿西方,加速了我国融入奥林匹克运动的步伐,缩短了中国体育与西方体育的距离。2008年北京奥运会的成功举办,一方面反映出中国经济和竞技体育发展的成绩,另一方面反映出中国的奥运理念正不断与西方对接。尊重国际惯例,是因为我们渴望得到世界的认可。

从表7中可以看出在冬奥会项目发展中,除自由式滑雪空中技巧外,其他雪上项目与冰雪强国还存在巨大差距。雪上项目由于受地域的影响较大,主要在我国东北三省开展,但近年来随着东北经济的下滑,很难留住冰雪人才,而经济发达的南方城市又没有适合的雪上场地。

表7　2018年平昌冬奥会我国雪上项目参赛情况

	项目	小项数	参赛名额	成绩
技能类	自由式滑雪	10	15	女子空中技巧，张鑫（银牌），孔凡钰（铜牌），男子空中技巧，贾宗洋（银牌），齐广璞（第7名），刘忠庆（第9名）；女子雪上技巧（2人参赛）；女子U型场地技巧，张可欣（第9名）
	单板滑雪	10	9	女子U型场地技巧，刘佳宇（银牌），蔡雪桐（第5名）；男子U型场地技巧，张义威（第15名）
	跳台滑雪	4	1	女子个人标准台，常馨月（第20名）；
	雪车	3	3	男子四人（第26名）；男子双人，李纯键/王思栋（第26名），金坚/史昊（第29名）
	钢架雪车	2	1	男子单人，耿文强（第13名）
	雪橇	4	0	—
体能类	越野滑雪	12	4	女子7.5公里+7.5公里双追逐赛，李鑫（第51名），池春雪（第55名）；男子15公里+15公里双追逐，王强（第63名）
	高山滑雪	11	2	女子大回转，孔凡影（第55名）；男子大回转，张洋铭（第69名）
综合类	冬季两项	11	3	女子7.5公里短距离赛，张岩（第38名），唐佳琳（第70名）；女子10公里追逐赛，张岩（第45名）；女子15公里个人赛张岩（第59名），唐佳琳（第66名）
	北欧两项	3	0	—
总计		70	37	

冬奥会主流项目与我国冬奥会优势项目有很大的差距，本研究所指的主流项目主要是设置小项多或影响力大的项目，如雪上主流项目中的越野滑雪影响力最大，冬奥会设项中越野滑雪12个小项，冬季两项（越野滑雪和射击）11个小项，北欧两项（越野滑雪和跳台滑雪）3个小项，与越野滑雪相关的项目约占雪上项目的三分之一。中国运动员只获得越野滑雪4个参赛名额，在越野滑雪女子7.5公里+7.5公里双追逐比赛中，李鑫和池春雪分列第51位和第55位；女子冬季两项15公里个人赛，张岩排名第59位，唐佳琳排名第66位。我国与冰雪竞技体育强国差距很大，只能争取获得参赛资格。

冬季运动项目已遍布世界各地，包括非北半球的地域国家也在积极参与冰雪运动，彰显了西方体育文化的强势。文化对比的压抑使东方国家越来越多的有识之士感到文化崛起与民族文化振兴的历史责任。和平与发展是世界发展的时代主题，它呼唤着东西方体育文化的交流与融合，以更好地促进世界体育文化的传播和共同繁荣。东方体育文化的融合不仅应表现在文化层面，更应体现在技术层面和制度层面，只有这样才能实现奥林匹克文化的多元化。

有人认为冰雪运动是贵族运动，强大的经济基础是冰雪运动开展的保障。冰球运动是冬奥会集体竞赛项目，在冬奥会项目中具有很大的影响力，根据国际冰球联合会官网上的统计，2019年中国冰球协会注册运动员2764名，其中成年的男冰运动员252名，女冰运动员239名，反观有550万人口的北欧芬兰，冰球注册运动员达到了73374名，是中国冰球运动员的26.5倍。而中国的冰球教练员、裁判员更是少之又少，这种现状透射出我国存在冰球专业人才稀缺现象，后备人才乏力，短时期内很难提高我国冰球整体实力。

中国在成为体育强国的过程中，作为短板的冰雪运动需要跨越式发展，需要突破过去一些常规的做法。因此，也就有了过去几年里中国体育大规模地跨项甚至跨行业选材，一些过去由于条件限制无法开展的项目也得以开展。比如我国钢架雪车北京冬奥会铜牌获得者闫文港，是从田径跳远运动员跨项选材进入钢架雪车国家队的，而我国雪橇雪车项目的很多运动员都是跨界、跨项而来，目的是通过跨界跨项选材的方式使得项目之间优势互补，为中国冰雪的全项目参赛提供人才保障。

二、管理层高端人士的话语权缺失

国际奥委会是全球最具影响力的国际体育组织，在竞技场上充满活力，在外交领域也显现了强大的软实力。"逆向代表制"是国际奥委会遴选委员的基本制度，这种独特的组织制度使国际奥委会与联合国等国际性官方组织和大多数国际非政府组织存在着本质的区别，其主要目的是确保国际奥委会在领导奥林匹克运动中的独立性。由于我国冬季体育项目发展较晚，在国际体育组织的管理层中一直缺少话语权，也影响了我国运动技术水平的提高。

杨扬是中国冬奥会首金获得者，也是第一个以冬季项目运动员身份进入奥委会管理层的人。她曾于1999年当选为国际滑联运动员委员会委员，2010年担任国际奥委会运动员委员会委员，2016年高票当选国际滑联速滑第一理事。在担任国际奥委会委员期间，杨扬曾以国际奥委会道德委员会委员身份，参与有关俄罗斯兴奋剂事件的调查。2019年11月7日，北京冬奥组委运动员委员会主席杨扬当选世界反兴奋剂机构（WADA）副主席。从国际滑联运动员委员会委员到国际奥委会委员，到北京冬奥组委运动员委员会主席，再到如今的世界反兴奋剂机构副主席，杨扬一直在世界体育舞台的最前沿展现着中国体育人的风采和独特魅力，一直在用她的努力为中国体育在世界领域争取更多的话语权和地位。

中国速度滑冰运动员张虹在2018年平昌举行的国际奥委会会议上当选为国际奥委会运动员委员会委员，是由国际奥委会主席巴赫提名的。

我国虽然举办过2008年夏季奥运会和2022年冬季奥运会，但由于国际单项体育组织内部主要是欧美发达国家的委员，我国在国际体育组织中一直缺少话语权，我国冬季体育项目竞技水平的落后，也影响了我国在国际体育组织管理层的人员数量。

第四节　文化传播对国家形象塑造的影响

一、文化冲突对国家形象的制约

文化是有差异的，但是这种差异并不意味着有优劣之分。在当今世界体育发展中，虽然以西方文化为基调的奥林匹克运动主导着世界体育的发展方向，但是一个不争的事实是，在全球化背景下，文化的多元化和多级化同样是世界发展的基本走向和趋势。中西方文化的差异来自文化传统的不同。中国文化注重国家认同感的建设和道德文化的升华，追求中华文化的繁荣和社会大同。因此，中国要借助冬奥会申办、筹办和举办的全过程，在与各国的交往中形成中西方文化互动，从而加强中西方体育文化的交流与传播。

（一）中西方体育文化的冲突

西方体育文化是古希腊和古罗马文化发展的结果，由于历史传统、文化背景等方面的差异，东西方体育文化对外的影响力和作用力不同。在全球化的背景下，各具特色的东西方体育文化应相互借鉴，走向融合。但受到各国政治、经济、文化、科技、社会发展水平的限制，不可避免地会产生对立和冲突。西方体育文化是随着工业文明而发展起来的，冬奥会在早期具有浓厚的精英主义色彩，随着体育全球化的发展，逐渐呈现商业化的特征，强调追求个人自由，崇尚个人奋斗和自我价值的实现，提倡竞争和冒险的精神，表现为一种"征服自然"的外向文化。自由式滑雪空中技巧和单板滑雪U型池被视为雪上极限运动，属于高危的运动项目。这类技巧类项目在欧美国家有较长的历史，有着雄厚的群众基础和相关体能、技能训练的人才，而我国在这两类项目开展得晚，却是项目发展最快的国家。20世纪80年代末，中国作为一个后发展的体育大国，力求在较短的时间内追赶西方发达国家的竞技水平，敏感地捕捉到空中技巧和U型池可以作为冬季奥运会雪上项目的重要突破点，利用我国举国体制的制度优势，形成集团优势，在没有群众体育基础的情况下确立了突破高难度动作的战略目标，在短时间内获得巨大成功。这些项目虽然能在国际大型体育赛事中获得奖牌，但由于市场化程度低，个人或家庭、企业和社会体育组织都不愿介入这类项目，影响力受到限制，运动项目和优秀运动员只能在冬奥会的电视转播中获得受众的认知，缺少群众基础，是冬季运动项目很难形成社会化、商业化的重要原因。

自由式滑雪空中技巧一直是我国冬奥会雪上项目的夺金点。由于国际雪联参与自由式滑雪空中技巧项目比赛的会员国家较少，影响力相对较小，为了增加项目的观赏性，从2014年索契冬奥会开始，空中技巧赛制进行了全新的改革。自由式滑雪空中技巧以往赛制是进入决赛中的每名选手都有两跳机会，两跳成绩相加进行最终排名。新赛制则改为了3轮淘汰制，索契冬奥会为12进8、8进4，最终4名选手角逐3枚奖牌；平昌冬奥会为12进9、9进6，最终6名选手角逐3枚奖牌。北京冬奥会再做调整，12名选手先跳2轮，取最高分，排名前六的选手进行第3轮，第三轮一跳定胜负。单跳决胜负的赛制增加了比赛的悬念，让观众更能感受到自由式滑雪的魅力。室外项目不可避免地受到外界因素的影响，比如风力、风速大小、气温、雪温、雪道情况等。虽然每名运动员出发之前，都会有裁判和教练根据风速、风力是否达标给出运动员相应的指示，但运动员在奥运赛场上所背负的压力是我们常人难以想象的，重压之下出现失误和状态波动在所难免，这个时候一跳定胜负的赛制无疑加剧了比赛的偶然性，运动员很难平衡动作难度和动作稳定性两者之间的关系。对此，有些运动员会为了求稳而不敢挑战更高难度，这也势必会影响到比赛的激烈程度。赛制导致的偶然性加剧使得有希望获得奖牌的选手有可能与奖牌失之交臂。赛制的修改是针对技巧类项目量身定做的，这个项目是观赏性项目，要以表演的形式呈现给观众。推动自由式滑雪积极发展，不仅仅包括比赛本身，还需要为所有的利益相关者提供高标准的服务，以此迎合观众和赞助商的口味，让娱乐化、商业化气氛更浓。

赛制让自由式滑雪空中技巧项目看起来更加刺激、惊险，充满未知与意外，任何国家都很难垄断这个项目。国际奥委会也不鼓励运动员挑战过高难度，一是保护运动员安全；二是鼓励更多的青少年从事技巧类项目，形成极限运动文化的氛围。此外还能牵动各国观众高度关注本国运动员赛场表现。中国媒体报道的焦点主要集中在我国运动员摘金夺银上，项目的优势对于推广冰雪运动是一次难得的机会。自由式滑雪空中技巧就是由于中国队在国际体育赛事上获得的优异成绩，提高了国际影响力和吸引力，并获得了世界杯分站赛的举办权。积极参与国际体育赛事，对运动项目的交流和竞技水平的提高具有重要的意义。

以中国体育文化为代表的东方体育文化受农耕文化的影响。重视伦理道德，强调修身养性，在对待人与自然的关系问题上，中国重视人与自然的和谐统一，反映在体育上，中国人提倡人与自然融为一体，适应自然变化的节律，目的在于修身养性。同时，中国体育文化注重对身体之外的拓展性价值，强调国家的集体利益，重视在国际体育赛事中的良好形象，淡化个人本位。西方体育文化体现出的人文精神是"个人中心、崇尚竞争"，西方人对于任何形式的体育活动都有着强烈的竞争意识，将体育看作一种竞赛、对抗、体现自我价值的过程。两种文化既有人类文化的共性，又有各自的民族性，不能简单比较两种文化的优劣和强弱，因为任何文化都存在各自的不足，需要不断发展和创新。

冰球运动中有一项规定容易使受众误解。从规则上说，冰球比赛里的打架是不被允许的，但是在具体比赛的过程中，一方面出于战术的需要，另一面为了增加比赛的对抗性和激烈程度从而吸引更多的观众，一些比较激烈的"身体对抗"在裁判那里是不会制止的。这种"潜规则"主要盛行于职业冰球联赛，特别是北美职业冰球联赛（NHL），目的是以"暴力美学"来提升比赛的观赏性，这就是职业冰球联盟吸引冰迷的商业行为。一旦场面过于平静，观众反而不会买账，甚至会对不打架的球员报以嘘声。如果冰球不让打架，就等于足球禁止球员射门后庆祝，观众会"闷死"的。有速度、有技巧，有激烈的身体冲撞，甚至有规则允许下的暴力场面，NHL比赛对犯规球员处罚的力度较小，球员受到5分钟处罚之后还可以继续回到比赛中，因此打架成为联盟独特的风景。现行的国际冰球联合会的冰球比赛规则是绝对禁止打架的，而在倡导业余原则、禁止过度商业化的奥运会上也是严格禁止的。但在很多受众眼里，冰球运动是一项野蛮的项目，当体育赛场发生暴力行为时，因具有冲突性，电视转播会在事后一再进行重播并增加特写画面，家长也会担心电视播放冰球比赛中的赛场暴力会影响青少年的健康成长。西方国家职业体育的蓬勃发展，给以公益性为主的奥林匹克运动带来了一次次的冲击。过度职业化、商业化同样使奥运会的育人功能逐渐退化，运动员为了成绩可以不择手段，获胜后使运动员主体迷失，人格畸形发展，很容易使运动项目受到刻板印象的影响，而出现的负面事件必然涉及跨文化冲突，进一步对国家形象产生负面影响。

冬奥会冰球比赛是容易制造英雄的场域。运动员和球迷构建一个虚构的世界，制造"战争"氛围与模式，双方对峙，"你死我活"的战斗，它能够宣泄出人们日常生活中的压力，满足人性通过"战斗"获得胜利的心理状态，冰球比赛能够制造出宗教般的狂热，使人有一种超脱日常生活的"战斗"境界。冰球代表着一个民族的精神符号，其蕴含的是一份对民族、国家的情愫甚至是一种民族精神状况的晴雨表。

在全球化时代，文化冲突无所不在，逃避冲突是不可能的，无视冲突也是不现实的，但对于冲突的反应是有选择的，可以相互排斥、你死我活，也可以求同存异、自由竞争。正确的态度应该是交流和对话而非排斥和对抗，以交流取代冲突、消解冲突、促进融合，只有这样才能建立一种多元共存、不断进步的世界文化。

（二）精英文化与大众文化的冲突

精英文化或高雅文化是指一定社会的知识分子所创造的并在知识分子阶层

中盛行的文化，既有历史上所继承的精英文化，也有当代知识分子所精心创造的精英文化。它也可能来自平民，但经过了升华与提炼，与平民保持着一定的距离。它有自己特定的理性品格与价值追求。

大众文化是指被一个社会或一定地区内大多数人所欣赏、接受的文化。它是一种工业文明、市场背景下的由传媒推销的潮流文化，以商品形式出现的消费文化。它具有民间性和通俗性的特点，但并不为下层阶级、大众所独有，它渗透在社会的各个阶层之中。

冬季项目如何产出优质的大众文化产品，让大众文化的活力和高雅文化的发展齐头并进。2022年北京冬奥会之后有哪些设施会转为民用。精英化、专业化色彩浓厚的雪车、冰橇赛道只能承担国际体育赛事，除了举办过冬季奥运会的国家之外，几乎没有其他国家会建设这种高投入、低产出的专业滑道，大型滑雪场还可以在比赛之后转成民用休闲设施，像雪车这种纯粹专业化的赛道实在难有除训练比赛之外的后续利用的价值。

每四年举办一届的冬奥会，比赛期间，中央广播电视总台体育频道会24小时直播，主要关注中国运动员参与的比赛和有机会获得奖牌的项目，因此观众熟悉的项目只有短道速滑、速度滑冰、冰壶、花样滑冰和自由式滑雪空中技巧，冬奥会影响力和传播力还有局限，跟大众还有距离，如何让大众了解更多的冰雪项目成为关键。2022年北京冬奥会我国运动员参加所有项目的比赛，虽然个别项目成绩不够理想，但全员参赛有利于大众关注更多的比赛，冬奥会对于中国观众来说，是一次普及教育，更诠释了奥林匹克运动重在参与的精神。这么多年，我国一直把奥运会作为专业性较强的文化产品提供给大众，封闭的专业化训练，很少在大众面前露脸的优秀运动员，让观众很难接受，如何把冬奥会这种专业性极强的文化产品，改造成其对公众兴趣、社会潮流起左右能力，对整个经济社会发展的拉动和影响作用。

竞技体育以市场为中心必然带来思想、伦理观念、价值体系的巨大变革。以等价交换为不二法则的商品交换与传统文化中的"重义轻利"有矛盾，也与主流意识形态倡导的集体主义和奉献精神有冲突。随着体育产业与体育市场的逐渐形成与完善，"精神产品的商品化"已成不可阻挡之势。

在观念上，需要对大众文化产品的特性，文化消费、文化供给的特性，有一个充分的认识。我国冬季项目很难形成体育产业，大众文化的作用仍然是社会的重要方面。而大众文化的成功实际上来自供给方从消费端对社会心理充分而精准的把握。

中国体育发展在很大程度上是以"金牌战略"为核心，以"金牌战略"为核心的"精英体育"曾给中国的竞技体育带来无数的光荣和辉煌。2008年北京奥运会，中国竞技体育达到顶峰。然而，无论是"举国体制"还是"金牌战略"，正遭受人们的质疑：是否会影响人们对奥运会的兴趣。人们对体育已经有了更深层的认识，体育的娱乐价值、健身价值正逐渐被人们所认识，马拉松比赛已经成为国民娱乐的方式，而不再关心第一是谁。体育不只意味着"精英体育"那种高处不胜寒，要赋予奥运会更多的人文价值，它也是一种大众的健身、休闲和娱乐活动。而周而复始的"奥运战略"，必将牺牲整体的利益。更值得人们反思的是，"金牌战略"本身没有错，但"唯金牌"论让北京冬奥会短道速滑队压力较大，2018年平昌冬奥会，中国队的多次犯规，直接引发的争论就是中韩两国的媒体报道的摩擦，而短道速滑这个项目，赛场上瞬息万变，比赛结果不可确定，必然会引起媒体的设置议程。2014年索契冬奥会，原韩国国家队运动员安贤洙，归化到俄罗斯短道速滑队，获得了三枚金牌，并引起了韩国媒体的抨击，引发韩国国内短道速滑俱乐部体制的诟病。

国家体育总局为了鼓励地方体育部门重视我国冬奥会的优势项目，加强后备人才向国家队的输送，促进中国冰雪运动普及与发展，为国家实施奥运战略服务。在2012年第12届全国冬运会的计分办法中可以看到"唯金牌"论的锦标主义发挥到极致，具体规定如下：①在第21届温哥华冬奥会中获得奖牌的选手根据所在省份，记入冬运会成绩。在冬奥会中单项比赛中获得奖牌的，在冬运会中成倍计算。团体项目中，获得奖牌的将给各自的代表队在冬运会中回记一枚奖牌。此外，在冬奥会中打破奥运会纪录再加一枚金牌。②解放军队员的奖牌计分办法则采取"双计分"，即分别按照所获名次相应的奖牌和分值计入解放军队和输送该名运动员的地方队。③鼓励唯一冬奥会的集体项目冰球运动的发展，冬运会上男、女冰球第一名计3枚金牌，第二名计2枚金牌，第三名计1枚金牌，通过政策支持促进集体项目的发展。④中国冬奥会优势项目短道速滑、速度滑冰、自由式滑雪空中技巧和花样滑冰成绩记入全运会，鼓励黑龙江、吉林两省大力发展冰雪运动。

随着近年来我国学者对全运会是否应该取消的争议的发酵，国家体育总局推动了体育体制改革的步伐，第十三届全运会拉开了我国全国性体育赛事的改革序幕，取消了代表团成绩排名方法；取消了冬奥会成绩带入全运会和冬运会政策；取消了冬运会成绩带入全运会政策；取消了解放军两次计分政策；取消了冰球加牌加分政策。改革调整目的在于引导和树立正确的体育政绩观、价值观，引导各参赛队不要把参赛的目的和任务仅仅放在金牌奖牌的数量上。淡化锦标主义。对于全运会设项是否会继续围绕奥运会转，在全运会上拿到金牌的运动员、教练员，是否还会受到地方的重奖和得到很高的政治待遇，如劳动模范、新长征突击手等，回答是我们各级地方体育部门对金牌仍然是重视的，因为国家的奥运战略并没有变。全运会金牌所裹挟的利益不剥离，就不可能真正淡化金牌。

二、文化霸权并生的政治冲突

奥运会比赛是以国家为单位的国际性体育赛事，国籍就是运动员的政治身份。"现代奥林匹克之父"顾拜旦少年时代饱尝战争的辛酸，在创办现代奥运会时，希望通过奥林匹克运动向世人普及真、善、美、和平、友谊、公正和积极进取的拼搏精神，并最终获得了成功。经过百余年的发展，奥林匹克运动经久不衰，并赢得了国际社会越来越广泛的关注与认可。

体育比赛"同一起跑线""同样的距离""同样的规则"契合了我们人类灵魂中对超越、突出和胜利的需求。体育比赛能透视一个国家和民族的自尊心、荣誉感、凝聚力，以及社会文明程度。

媒体语言中对民族情感有着充分的表达："为国争光""为祖国争得了荣誉""鼓舞了全国各族人民""激发了全国各族人民的爱国热情""增强了中华儿女的自信心和自豪感"等是我们在历届奥运报道中常见的话语；"扬我国威，壮我中华"之类的表达是当我国运动员夺冠拿金牌时标准的解说词；把中国参加国际大型体育赛事的运动员的行为上升到爱国高度，运动员在比赛中展现的"顽强、拼搏、自信"等体育精神同时也被称为是"民族精神"，而那些为国家赢得荣誉的运动员自然被称为"民族英雄""民族的楷模"，这些言辞也是奥运报道语言中对运动员最高级别的评价语。而我国的运动员在取得成功的时候，在获得金牌后的"感言"中，"感谢国家的培养""感谢人民"也是常用语，是民族情感的表达方式。

"文化帝国主义"是指帝国主义国家控制他国的过程，是文化先行，由帝国主义国家向他国输出支持帝国主义关系的文化形式，然后完成帝国的支配状态。"文化帝国主义"被不同的学者界定为两种，经济先行、文化具有目的倾向，或者是文化先行、文化具有辅助经济与政治进行支配的工具倾向。前者是运用政治与经济权力，宣扬并普及外来文化的种种价值与习惯，牺牲的却是本土文化。后者是在文化上进行渗透和控制，从而重塑价值观和行为方式，以达到帝国主义的利益和目标。

文化霸权观点认为不仅在一个国家内部存在着主文化对亚文化的文化控制与支配问题，在全球化的背景下，也有西方中心主义式的文化扩张、西方国家对第三世界国家输出与传播价值观与意识形态的问题。

冬奥会作为西方宣扬普世价值观的平台，在"普世价值"建构和宣扬的过程中，参赛国家首先要全盘接受起源于欧美的运动项目，由于体育媒介化形态，以美国为代表的西方发达国家凭借科技实力，通过其掌控的全球传播体系在全球传播其冬季体育文化，向发展中国家和地区推销欧美国家的消费文化与生活方式，宣扬关于平等、自由、权利、财富和成功的奥林匹克精神。在大众文化的全球性互动中建立起强大的文化霸权。东方体育文化被边缘化，东方体育体制和体育观念等受到强烈冲击。要实现东西方体育文化的真正融合，需要双方共同承担责任，不断加强交流与合作。国际传播的过程实际上也是一个冬奥会传播文化的过程，举办城市已经从过去主要执行对外宣传功能转变为进行全面文化输出。因此，西方国家倚仗自身强大的政治实力和雄厚的经济实力，竭力通过举办冬奥会向其他国家推销自己的文化，推销自己的价值观念和意识形态，希望以自己的文化和价值观念来影响对象国，实现渗透，从而将其纳入自己的价值体系。正如传播学批判学派代表人物戈尔丁所指出的，"国际媒体系统实际上就是将发展中国家纳入西方资本主义文化霸权下的一种机制"。

西方文化探究自然科学，强调征服、利用与开发自然，尤其是文艺复兴后，随着工业革命和科技时代的到来，物质文明的程度大大提高，人类社会发展异常迅速，这是毋庸置疑的。在现代社会，社会生产力的发展水平是以征服自然、改造自然的能力为主要标志的，人们的物质生活水平的提高还有赖于生产力水平的提高，而生产力水平的提高必须以科学技术水平的提高和征服自然的能力的提高为先决条件。另一方面，人们精神生活水平的提高需以物质生活水平的提高为基础。因此，征服自然这一西方文化中的基本精神，仍是创造现代文明不可或缺的，无论东方还是西方。冬季项目是借助辅助器材开展的运动项目，器材的研发需要科技的支撑，在冬奥会项目中，雪车最能反映国家科技的实力，德国在雪车上称霸世界，与汽车产业有很深的渊源，并与很多国家的雪车队和有名的F1车队合作，研发空气动力学和车辆材质等有关。中国于2015年组建的国家雪车队，聘请了冠军队德国队的教练，平昌冬奥会中国队在比赛中使用的是美国车，但现场观察和美国队参赛车辆也不一样。欧美国家依靠科技的优势，使其在运动项目的发展上具有控制权。本以为2022年北京冬奥会，我们是举办国，有赛道的主场优势，但是赛道在这些更大因素的影响下，只能算是一个小因素。对于中国雪车运动来说，2022年的北京冬季奥运会延庆赛区国家雪车雪橇中心赛道是我国首条雪车雪橇赛道，也是亚洲唯一一个360°回旋弯道，是继日本、韩国之后，第三个有雪车赛道的亚洲国家。北京冬奥会期间，来自世界各地高水平的雪车雪橇运动员齐聚延庆小海陀山，展现被誉为冬奥会"雪上F1"比赛的速度与激情。雪车的赛道就是发明者设置的各种障碍，人类通过各种技术手段挑战自然，突破人类的潜能，征服自然的创意。而在挑战自我的过程中，通过速度的比拼，反映的是西方的价值观，不断地挑战自我、超越极限，导致了西方体育文化是在不断否定、不断跃迁的过程中发展。

西方国家依靠强大的技术、经济军事实力和高福利的社会制度作为保障，这对发展中国家形成了很大压力。在这样的价值语境下进行国家形象构建，发展中国家处于两难处境。中国要适应体育文化的全球化发展，在意识到文化霸权和文化冲突对国家形象塑造过程中的诸多不利因素的同时，要积极适应体育文化的全球化发展，以促进本国文化在跨文化传播中对国家形象塑造作用的发挥。

第七章　冬奥会文化传播助推国家形象建构：索契、平昌冬奥会之经验

在当今全球化的国际社会中，没有孤立的国家个体。全球性媒介事件和危机传播事件，是影响国家形象塑造的两类具体事件。全球性媒介事件具有可控性，危机传播事件具有非可控性。前者可形成有利的信息流，后者可以形成不利的"噪音"。它们的传播有着各自的机制，影响着国家形象的塑造。第七章和第八章从这两个角度，运用个案研究方法，具体剖析冬奥会在跨文化传播情境内，如何进行国家形象的塑造，目的是理性的思索后实现更加感性化的认识。

第一节　冬奥会全球性媒介事件与国家形象塑造的关系

一、冬奥会全球性媒介事件的文化传播特点

（一）全球性媒介事件的传播时间是预定的

奥运会每四年举办一次，历史上因为第一次世界大战和第二次世界大战，奥运会停办了三次，2020年由于新冠疫情，东京奥运会延后一年举办，其他各届奥运会都是在固定的时间发生。也正是由于这种时间的预定性，才使这样一个事件可以得到众多的媒体和受众的关注，从这个方面来说，全球性媒介事件不同于日常发生的新闻事件，它能使媒体和报道者在报道前有充分的准备。

(二)全球性媒介事件的传播时机可以预先策划

从申办奥运会到举办奥运会,举办城市和国家有七年的时间筹备基础设施、进行场馆建设、宣传奥林匹克精神、普及奥林匹克教育,有充足的时间可以预先策划。大型赛事本身具有计划性和公开性的特点。一方面,大型体育赛事都是提前安排好赛程。对于媒体来说,这意味着有较为充分的时间进行报道策划。另一方面,大型体育赛事都是公开的,其新闻资源都是共享的,很难有独家头条。因此,对于媒体来说,策划是保证赛事报道质量与水平的重要手段。策划能力强的媒体能做到重点突出、合理搭配、角度多元、张弛有度,做出来的赛事报道能吸引观众的关注。

(三)全球性媒介事件的传播内容可以预先设计

奥运会开、闭幕式的盛大报道凝聚了政府和民众的巨大心血,开、闭幕式的规定程序,如奥运五环、会旗交接、国际奥委会主席致辞等都是固定传播内容。而举办城市的文艺表演也是展现各国文化特色的重要舞台,经过预先策划,突破了原有的地域界限,开启了全球狂欢的模式。

除此以外,传播的渠道、受众、效果要受到世界各地媒体的影响,在媒介化的过程中提升国家形象,需要通过积极地构建好传播情境、时间、内容、服务等,通过传达积极的信息,从而推进世界各地媒体对事件的报道,将本国的文化、价值观、政治经济措施、发展理念等积极信息传向世界并产生正向的评论,进而提升本国的国家形象。

二、冬奥会全球性媒介事件对国家形象塑造的作用

(一)体育外交塑造新型国际形象

在全球化语境中,经济纠纷与共赢、文化冲突与交流、政治摩擦与合作,这些导致国与国之间产生必然的联系。同时,外交也成为国家生存和发展的重要手段。在现代国家关系中,体育外交遵循国家既定的外交总方针,在对外交

往中扮演着特殊的角色。与传统外交形式（如外交谈判、首脑会晤）相比，体育外交具备政治色彩隐形化的特点。各国政府也逐渐认识到体育外交的功能。2008年北京奥运会吸引了全球205个国家和地区参加，共有80多个国家元首或政府首脑出席了北京奥运会。这是一次体育盛会，也是一次国际外交的大戏。现在，国际奥委会共有206个成员国，而联合国成员国的数量仅为193个，这项硬实力的比较也足以突显奥林匹克运动影响国际社会的能力。国际奥林匹克委员会2015年颁发给联合国奥林匹克奖杯时，时任联合国秘书长潘基文表示，此次获奖表明了联合国与国际奥委会之间的密切伙伴关系。双方的合作以很多共同的价值观、理想和目标为基础，共同目标是用体育的力量推动世界的发展与和平。奥林匹克奖杯是由现代奥林匹克运动创始人顾拜旦在1906年创设的，国际奥委会每年颁发给为奥林匹克运动的发展做出积极、有突出贡献的组织和协会，而联合国和国际奥委会合作关系由来已久，早在1993年联合国正式通过了"奥林匹克休战协议"，联合国大会在每届奥运会举办前均会发布类似决议。古代奥运会的休战协议是为了各个城邦的参赛选手和观众能够平安抵达希腊而制定的，现代奥林匹克休战协定便是对这一传统的继承。

竞技体育运动作为一种独辟蹊径的外交手段成为攻破外交壁垒、缓解外交摩擦的利器。在体育所创造的特殊外交语境中，国家外交空间得到了进一步拓展。奥林匹克运动让人们意识到，不同国家、不同民族的公民的确拥有着共同的利益。国际奥委会一直非常重视与各国政府之间的关系，现代奥运会是按照国家或地区的形式组织的，各国政要得以利用奥运契机商讨外交事宜，而运动员之间的交往可以看作是国家交往的微缩版。"奥运外交"表明，体育已成为大家共同分享的仪式符号，它能够以和平手段促进国家间利益的协同发展。

（二）媒介仪式增强民族认同

在众多的媒介事件中，主流媒体用着相同的方式呈现着不同的故事。奥运会这种全球性媒介事件，其媒介仪式被举办国赋予了更广泛的社会价值，成为对全国人民的一次爱国教育，体现了国家在民族身份认同过程中，利用媒介事件传递意识形态。在民族国家内部，社会凝聚力是以民族凝聚力为基础的，数以亿计的观众，无论是否在现场，在奥运会期间几乎都是自己国家最忠实的拥护者，任何一个有国家和民族归属感的人都不会漠视自己国家运动员的表现。政治家们也会利用媒介仪式表达国家利益至上的观点，传递政治主张整合民族情绪，而奥运会的公平、公正的竞争机制，给全世界各个国家提供了一个独一无二的展示国家形象的平台。因此，无论从国家利益的获取、运动员的最高荣誉的争取，还是从世界观众的爱国情感表达来说，对"国家"的归属感都是不可或缺的重要元素。民族凝聚力在冬奥会文化传播中表现得淋漓尽致，冬奥会也是一次各国文化身份建构的良机，在地缘政治的界限日益模糊的今天，冬奥会的开闭幕式、颁奖仪式、圣火传递等媒介仪式更加强化了民族认同，如朝韩奥运牵手事件，就是朝韩两国通过媒介仪式向世界传递和平的信号，也是整合社会情绪、安抚民众的最好方式。

第二节 冬奥会全球性媒介事件的案例回顾

一、索契冬奥会对俄罗斯国家形象的建构和传播

（一）俄罗斯国际形象危机的缘起

苏联时期，在"冷战"的意识形态背景下，苏联和以美国为首的西方国家集团在政治、经济、文化和体育等各个领域都进行了针锋相对的激烈角力。竞技体育作为和平时期最能调动民众情绪的项目之一，更是成为一种政治工具，被赋予了很多额外的意义。

苏联解体之前，其竞技体育的培养模式一直以"举国体制"为主，由政府直接掌控，资金全部依靠政府财政拨款，运动员全权由政府把关进行培养。其中"专业运动员"就是这种培养模式的专有产物，非业余也非职业。对于竞技体育来说，政府型体育管理体制的特征就是"专业化"和"唯金牌论"。在"举国体制"的保驾护航下，体育部门可以不受任何监督地投入大量资金和人力，去追求金牌。为了争夺奥运会金牌，国家利用垄断的、不受监督的权力，集中财力和人力，选拔培训运动员。鉴于专业运动员由国家专项培育，国家为其制定一整套的培养体系，包括训练、医疗、饮食、比赛等方面，甚至还涉及兴奋剂的使用。长此以往，国家竞技体育教育思想深入人心，扭曲了运动员公平参与竞技比赛的心理，养成了他们"唯金牌至上"的锦标主义目标。

1991年12月苏联解体后，俄罗斯的政治、经济体制发生了根本性变革，当

时的执政者和民众，对于苏联时期的各种政策都持"完全否定"的态度，"举国体制"自然也受到了"毁灭性"打击。俄罗斯撤销了苏联时期的国家体育运动委员会，改由俄罗斯奥委会承担竞技体育管理的全部职能，体育体制完全转向市场化管理。但对于早已习惯了"举国体制"庇护的俄罗斯体育事业来说，这种从一个极端走向另一个极端的剧烈变革，也造成了很大动荡。在撤销了国家体委后，俄罗斯竞技体育管理陷入一片混乱，加之国家经济发展陷入困境，许多运动员和教练员各方面的待遇得不到基本保障，结果不仅导致大量竞技体育人才外流，而且极大地降低了青少年投身竞技体育事业的热情，这在一定程度上破坏了苏联时期"举国体制"打下的基础，动摇了俄罗斯体育发展的根本。

如今，俄罗斯作为苏联的继承者，经济基础发生了巨大的变化，由于带有明显特征的"举国体制"金牌制造机器运转得越来越不顺畅，违背竞技体育运动发展规律的弊端也越来越明显，一部分竞技体育项目开始走入市场，实行市场经济体制。即便如此，仍有大部分俄罗斯传统优势项目以"举国体制"为主，沿袭了苏联的竞技体育培养模式，一切以金牌为主，这就解释了为什么田径、举重和摔跤界都是使用兴奋剂的重灾区。

（二）重塑大国形象的政治诉求

国际形象是一个国家在国际社会的无形资产，是国家软实力的重要组成部分。体育是一个国家形象的要素之一，是一个民族的象征。2000年，俄罗斯总统普京执政后，以重振大国形象为己任，努力推行以维护本国国家利益为目标的对外政策，得到了举国上下的一致认可。经过了近10年的阵痛与反思，俄罗斯恢复了国家体委，重新由政府主导体育事业的发展。2003年，俄罗斯总统普京首次举行俄罗斯总统体育委员会会议，普京在会上强调："体育成绩能够促进一个民族的发展，体育成绩已经成为我们国家的名片，但体育委员会不应只重视竞技体育，因为大众体育是竞技体育的基础，振兴大众体育才是体育委员会的首要任务。"

因自然条件、经济因素的优势，冬季运动在之前的苏联和现在的俄罗斯开展得十分普遍，苏联曾在冬奥会赛场多次占据金牌榜的首位，被称为冰雪竞技体育强国，苏联解体之后，大量竞技体育人才外流，造成了俄罗斯体育事业衰退的现状。随着体育制度优势的消失，竞技体育强势程度的减弱，俄罗斯整个民族好像失去了激情，冬奥会成绩一蹶不振。在冬奥会历史上，苏联曾经占据霸主的地位，但近几届冬奥会，俄罗斯队下滑的趋势非常明显，在2010年温哥华冬奥会上，俄罗斯只得到3枚金牌，在奖牌榜上仅名列第11位。这是俄罗斯参加冬奥会以来的最差战绩，索契冬奥会，东道主俄罗斯队以13金11银9铜共33枚奖牌重回霸主位置，传统冰雪运动强国挪威、加拿大、美国、荷兰、德国以19枚以上的奖牌总量位居其后。

索契早在20世纪80年代末就提出申办1998年冬奥会，1994年又提出申办2002年冬奥会，但由于苏联解体之后俄罗斯国力虚弱，两次申奥尝试均未跻身候选城市名单。伴随俄罗斯经济恢复元气，索契成为俄罗斯一扇新的开放窗口，一些国际会议、经济论坛在此举行，让这座小城有了一些生机。2006年，已具备同其他候选城市相抗衡实力。索契再次提出申办冬奥会，2007年7月4日，国际奥委会举行全会，投票选举2014年冬奥会主办城市，普京亲自出马，用英文和法文作最终陈述，最后索契以微弱优势战胜平昌，上演了一场绝地反击，实现了俄罗斯人的冬季奥运梦。俄罗斯举办冬奥会的主要目标是重塑体育大国形象。俄罗斯政府通过国家形象宣传片和冬奥会开幕式，在全世界面前塑造了新俄罗斯国家形象。2012年俄罗斯政府制作的"俄罗斯国家形象宣传片"运用大众传媒的技术手段，将有关国际体育赛事，如1980年莫斯科奥运会、索契冬奥会的冰雪项目，以影像、音乐等可感知的形式呈现给全球民众。而无论在过去的苏联，还是当下的俄罗斯，竞技体育始终承载着俄罗斯人的光荣与梦想，作为重塑俄罗斯大国形象的要素，利用视觉表象具有的直观性向全球传播俄罗斯在竞技体育中的表现，有利于对外塑造良好的国际形象，对内凝聚国内民众；也是在为索契冬奥会造势，吸引全世界的关注。

（三）执政者国家形象的塑造

奥运会是少见的超越民族、种族、意识形态等各种外因的各国民众平等交往的平台，它所代表的公平竞争、相互理解、团结友爱等精神获得了全世界的认可。国际受众很容易因对一国政府领导者的印象而影响其对这个国家总体形象的判断。

俄罗斯总统普京就以其硬朗的外形、救助俄罗斯危难之际的魄力，高调地运用国际传播展现俄罗斯的新形象，通过大众媒体既拉近了与国际公众的距离，还使包括欧美等西方国家领袖的刮目相看，避免了俄罗斯政治地位的继续下滑。

领导形象的载体是领导者。通过大众媒体的传播，领导者成为一个国家的重要形象代言人，苏联无论在国际事务上，还是奥运会上，都曾占据霸主的地位，领导者是领导形象建设的组织者和实施者。一方面，他通过在行使公共权力过程中所显示的行为特征和精神风貌来塑造自身形象。一般地，有什么样的领导者，就有什么样的领导形象。一个创新、务实、廉洁、高效的领导者会产生良好的领导形象；反之，一个守旧、虚假、腐败、低能的领导者就会产生负面的领导形象。另一方面，他通过运用各种传媒手段和沟通途径，使公众在了解领导目标、过程、体制和方式的基础上形成符合客观实际的领导形象。

领导形象的内容是公众对领导者在价值理念、气质、品德、能力等方面所形成的整体印象和综合评价。这种印象和评价积淀于公众的社会心理之中，这种社会心理实际上是对领导者内在素质与外在能力的一种综合反映。从一定意义上说，社会心理是对领导形象在思想感情变化上的一种互动，它往往通过印象和评价表达出来。公众通过直接或间接的途径形成对领导者的初步印象，印象一经形成，公众便会从各方面加以分析和判断，最后总结出对领导者的综合评价。

社会公众是领导形象的感受者和评价者。一方面，社会公众作为一个整体，是产生、监督和罢免领导者的权力主体，领导者的一言一行、一举一动都是社会公众评判的依据；另一方面，社会公众中的个体，在与领导者接触的过程中，逐渐形成对领导者的感知和判断，虽然这些感知和判断是公众个体意识的产物，但正是这些个体意识的总和构成了绝大多数公众的整体意识，并最终对领导形象产生影响。

（四）中国对俄罗斯重塑大国形象的态度

2013年6月，俄罗斯通过了禁止在未成年人中宣传同性恋的法律，此举在世界范围内引起了巨大的愤怒浪潮，全世界各地的同性恋者纷纷表示抗议。西方国家普遍以这一法律是对同性恋者的歧视、损害了同性恋者的人权为由，对俄罗斯进行指责。不少西方政要都赞成通过抵制索契冬奥会来向俄罗斯表达不满，很多西方政要也拒绝参加索契冬奥会开幕式。

中国与俄罗斯是战略协作伙伴，两个大国在经济、政治等很多方面都有着千丝万缕的联系，中国高度重视并一贯积极参与国际奥林匹克运动，在俄罗斯举办索契冬奥会之际，习近平主席应俄罗斯政府之邀出席索契冬奥会开幕式，表明中方对奥林匹克运动和俄罗斯举办冬奥会的支持。中国国家主席习近平参加第22届索契冬奥会开幕式，这是中国最高领导人首次出席在境外举行的大型体育赛事。习近平主席还同俄罗斯总统普京在索契举行了会晤，就双边关系发展、人文合作项目、经贸合作、国际安全等领域进行深入交流，中俄全面战略协作伙伴关系进一步得到验证，体现了中国政府积极处理大国之间的关系，支持国际奥委会的国际事务的态度，展示了负责任的大国形象。

习近平主席参加索契冬奥会开幕式，既是元首外交，也是公共外交。冬奥会是一个很好的平台，习近平此行是用元首自身影响力进行公共外交的典范，也是用软实力外交赢得国际尊重的一个契机。中国国家领导人主动参与其中，既体现了对奥运精神的尊重，又展现了中国的体育大国形象。这必将促进奥运项目在中国的普及和发展，也将在民众中进一步弘扬奥林匹克精神。

中国国家领导人在许多国际场合提到中国要努力成为"负责任的大国"的理想形象，中国自2000年之后，试图通过积极申办、举办各种国际体育赛事来重塑和构建自己的新形象。就国家行为体而言，其形象政治的首席施动者是国家领导人，领导人自身的国际形象往往成为突破口。

二、平昌冬奥会对韩国国家形象的建构和传播

外交是协调国际关系的手段，是主权国家政府之间处理国家关系、参与国际事务的政治活动。国际传播和国际文化交流是各国实施国际战略和对外政策的手段之一。文化外交的主要功能是传播和提升国家国际形象。

2018年2月9日，韩国平昌冬奥会开幕式上，奥运史上激动人心的一幕再次上演，朝韩两国运动员手牵手，伴随着那首熟悉的民歌《阿里郎》，高举朝鲜半岛旗帜共同入场，现场观众欢呼鼓掌，气氛可以用"沸腾"来形容，这一场景也成为此次冬奥会开幕式上最大的亮点。朝韩两国的体育合作符合两国的国家利益，顺应广大朝韩民众的民心，以及国际社会对和平奥运的政治期许，政治意义远远大于国际体育赛事。

（一）朝韩体育合作的历史回顾

1948年，在美苏各自支持下，分别成立大韩民国和朝鲜民主主义人民共和国，使原本同宗同源的民族正式宣告半岛分裂成两个对立的国家。两国经过

多年的发展，韩国与欧美国家交流比较密切，经济获得了快速发展，但朝韩两国的关系却时好时坏。朝韩首次体育交流是在1990年10月的平壤和汉城，双方轮流举办因朝鲜战争中断的两地传统足球友谊赛。并于1991年4月朝韩首次组队，参加日本千叶第41届乒乓球世锦赛，两国运动员组成的"单一队"，以3：2打败邓亚萍、乔红领衔的中国女队，最终获得女团冠军，这场比赛令两国运动员热泪盈眶，结束了中国长达16年之久的考比伦杯统治，这支女队被誉为"朝韩梦之队"。同年6月朝韩再次组队，参加在葡萄牙里斯本第8届世界青年足球锦标赛，比赛中击败强大的阿根廷队，打入世界4强。因此1991年被称为朝韩体育外交的元年。

在奥运史上，2000年悉尼奥运会开幕式，朝韩两国代表队首次牵手入场，双方穿着统一的服装，举着朝鲜半岛旗，乐队演奏的是朝鲜民歌《阿里郎》，当时的举动震惊全场，也成为那届奥运会开幕式上最煽情的瞬间。此次事件开启了朝韩体育代表团在大型国际体育赛事开幕式、闭幕式入场的先例，随后在多次国际性体育赛事中保留了朝韩代表队共同入场的一幕。此外，朝鲜也多次派遣大规模美女啦啦队助威比赛现场，双方运动员和观众的互动，对朝韩形成和解氛围产生了积极影响，也受到韩国民众的热烈欢迎。从朝韩体育合作的友谊历程可以看出，朝韩双方都表现出极大的诚意，国际体育比赛也成为南北交流的最佳载体，对朝鲜半岛和平稳定做出了巨大贡献。但随着朝鲜核试验、韩国对朝政策的强硬等政治风波的出现，朝韩政治关系再次陷入僵局。

（二）平昌冬奥会朝韩体育外交的表现形式

1. 开幕式以"和平"为主题

奥运会开幕式历来是奥运会的重头戏，更是世界媒体最关注的奥运环节之一。在平昌冬奥会开幕式上，围绕着"和平"这个主题，组委会做了精心的策划。在入场仪式的最后，朝韩两国体育代表团共同入场，旗手由韩国有舵雪橇运动员元润钟与来自朝鲜的冰球联队队员黄忠琴共同担任，此举引发了全场观众的欢呼，展现了韩国民众期盼半岛和平的愿望，用对话与互动叩开了和平大门，朝韩半岛期盼和平的愿望得到了世界各国的认同。在最后的点火环节，韩国运动员金妍儿接过朝韩冰球联队运动员手中的火炬，一段冰上独舞后点燃了奥运圣火。随后五位小朋友共同放飞了一只和平鸽，一千名平昌市民手执蜡烛，组成和平鸽的形状，彰显了奥林匹克呼唤和平的巨大感召力。

开幕式"和平"的主题与奥林匹克运动追求和平的理念高度契合，奥林匹克运动的宗旨是通过没有任何歧视、具有奥林匹克精神——以友谊、团结和公平精神互相了解的体育活动来教育青年，从而为建立一个和平的更美好的世界做出贡献。此次朝韩牵手平昌冬奥会的体育合作带有鲜明的政治色彩，是两国针对自身国家利益的切实考量，包含明显的、现实的政治诉求。

2. 朝韩联合组队比赛

朝韩两国曾在乒乓球和足球两个项目有过组队参赛的经历，但在奥运会史上，平昌冬奥会还是朝韩首次联手组建女子冰球联队，也是时隔27年再次组建联队。朝鲜代表团此次参加平昌冬奥会，绝不仅限于赛场竞技和看台作秀，高层的互动也相当频繁，冰球比赛中，国际奥委会主席巴赫、韩国总统文在寅、朝鲜最高人民会议常任委员会委员长金永南、金正恩胞妹金与正一同观赛，并在赛后接见了朝韩联队队员。朝韩女子冰球队参赛的意义已远远超出体育赛事的范畴，是和平奥运的政治期许，是朝韩政府高层努力的结果。由于冰球运动员人数多，无论在训练还是在比赛中，朝韩两国运动员之间都有了更多的机会彼此了解，同宗同源的朝韩两国原本就是一个民族，通过联合组队，可以增进两国运动员的归属感和民族认同。如果开幕式朝韩牵手入场，具有鲜明的政治诉求，那么联合组队实际意义更大，体现出体育无国界，是象征和平与友谊的奥林匹克精神的完美诠释。

3. 朝鲜啦啦队成为赛场一道靓丽的风景线

在平昌冬奥会的冰球和短道速滑赛场上，朝鲜派出了阵容强大的啦啦队现场助威。她们统一着装、统一口号，声势浩大地为朝鲜和韩国队员加油，是非常"朝鲜式"的助威方式。在冬奥会这种大型国际体育赛事，这种助威方式能很好地起到鼓舞现场观众、吸引媒体的作用。不仅朝鲜啦啦队出现在赛场上为运动员加油助威，而且朝鲜艺术团在平昌冬奥会期间还进行了多场文艺表演，获得了韩国民众的欢迎，甚至出现了一票难求的景象。

朝韩两国属于共同的族群，有着共同的语言、共同的文化，文化的认同构成朝韩两国民族认同的情感纽带，促成了民众之间的沟通交流。朝韩两国文学艺术的相似，使两国民众容易在民族认同、民族文化与民族情感方面产生共鸣。但朝韩两国在近半个世纪的发展过程中，在朝鲜民族传统文化的继承方面出现了很大的差异。朝鲜文化属于群体性传统文化，受西方文化的影响较少，保留了朝鲜民族文化的原汁原味；而韩国文化受西方的意识形态、生活方式的影响较大，尤其是韩国年长者对朝鲜本民族文化更加渴望。平昌冬奥会上朝鲜艺术团的演出和穿着朝鲜民族服饰的啦啦队成为表达民族情结的载体。

4. "未来"作为闭幕式的主题值得期待

平昌冬奥会以"未来"作为闭幕式的主题。"和平"与"未来"符合《奥林匹克2020议程》的可持续发展理念。朝韩和平统一的未来值得期待，而平昌冬奥会之后朝韩正向好的方向发展，双方首脑正式见面会谈，启动了朝韩亲属见面活动。

"和平与发展"是当今时代的主题。在经济全球化的大背景下，极端的民族主义受到排斥，民族团结、民族认同、民族情感成为朝韩合作的基础，而相同的语言、相同的文化又为民众互动创造了条件。平昌冬奥会展现了双方打破僵局的诚意，释放出朝鲜民族和解的善意信号，有利于缓解地区紧张，进一步推动半岛的对话与和平进程，有效构建了良好的国际形象。

（三）平昌冬奥会体育外交促进朝韩合作的意义

1. 赛事外交是朝韩合作的重要平台

赛事外交比文化外交优势更明显，利用重大国际赛事达成政治和经济的外交目的已经成为朝韩国际舞台上惯用的外交手段。首先，体育赛事能够跨越国界、意识形态等种种藩篱，从而促进国家之间的对话与和解，并把这种诚意与善意信号通过跨文化传播，向全世界扩散和平的信息。如冬奥会等国际大型体育赛事，能够吸引更多的国家媒体的参与，关注度更高。而朝韩联合组队，选择的项目是女子冰球，冰球属于集体类项目，对抗性强，运动员在场内和场外的互动机会更多，容易引起媒体的关注，也得到了国际奥委会的大力支持。朝韩在本届冬奥会上展开深入互动交流，不仅限于体育竞技，还通过啦啦队释放足够的善意。高层互动、邀请访问，更是为后续的和平举措做了充足的铺垫。

2. 明星外交是朝韩合作的形象大使

在平昌冬奥会开幕式上，由花样滑冰女子单人滑大满贯得主金妍儿点燃了主火炬塔。金妍儿作为体育明星,不仅扮演着"国家形象代言人"的角色,而且展示了"外交使者"的新形象。明星外交的亲和力,进一步拉近了朝韩民众之间的距离。在全球化时代,体育明星代表着国家符号,在国际上发挥特殊形象大使的作用。正是体育明星的特殊价值更加促进了此次平昌冬奥会的顺利进行,也为朝韩体育合作做好了铺垫,更有利于半岛和平,也符合朝韩两国人民的心愿。

3. 文化外交是朝韩合作的重要手段

文化外交是以文化的交流、沟通和传播为主要内容而展开的外交,也是主权国家利用文化方式来实现一定的政治目的和战略的外交手段。文化外交是柔性的外交方式,将国家的利益和动机隐藏于文化的交往中,有利于在不同国家间实现文化的沟通和相互接受。朝韩双方通过文化外交,传播亲善国际形象,修复受损的国际形象。

文化交流有利于朝韩民众产生共鸣,毕竟朝鲜和韩国有共同的语言、文化,朝韩很多家庭有血缘关系。这份民族感情是无法割舍的,两国之间很容易形成文化认同,而这种文化认同让朝韩的文化遗产和精神得到共享。这种文化共享推动了文化的有效传播,对国家形象的塑造产生积极作用。

三、国家形象塑造中的异化现象

在经济全球化的背景下,在"和平与发展"的时代主题下,世界各国的交往和联系日趋密切,各国对国家综合国力的构成有了更加全面的认识,摆脱了以往以军事实力和经济实力定输赢的局面。在当今信息全球化时代,信息就是权力,形象就是力量。国家形象的力量日益渗透于经济、文化、外交和公众交流的各个领域,参与构成了国家的"软实力"。通过归化运动员可以短期内在落后项目上迅速实现成绩突破,同时也间接提高归化国在国际体坛中的竞争力和话语权。

(一)俄罗斯归化运动员的现象

在冬奥会历史上,苏联曾经占据霸主的地位,但近几届冬奥会,俄罗斯队下滑的趋势非常明显,在2010年温哥华冬奥会上,俄罗斯队仅获得3枚金牌,在奖牌榜上位列第11位,这是俄罗斯队参加冬奥会以来的最差战绩。索契冬奥会,东道主俄罗斯队以13金11银9铜共33枚奖牌重回霸主地位(表8),传统冰雪运动强国挪威、加拿大、美国、荷兰、德国以19枚以上的奖牌总量位居其后。主场比赛是否能使东道主国家提高获胜的机会,俄罗斯冬季运动项目的成功发展经验将给我国冬季运动项目的发展提供一些启示和借鉴。

表8 索契冬奥会俄罗斯队优势项目的奖牌数

项目	金牌	银牌	铜牌	总奖牌
花样滑冰	3	1	1	5
雪车、冰橇	3	2	1	6
短道速滑	3	1	1	5
单板滑雪	2	1	1	4
越野滑雪	1	3	1	5
冬季两项	1	2	1	4
速度滑冰	0	1	2	3
自由式滑雪	0	0	1	1

冬奥会主场优势是指冬奥会比赛中,东道主本届所取得的成绩高于以往大多数甚至任何一届的成绩。不同东道主、不同运动水平和运动项目的主场效应不尽相同,如果利用不好主场的有利条件,很可能会变优势为劣势。举办国利用主场优势和归化运动员快速提升竞技体育水平可以获得立竿见影的效果,但从运动项目长期可持续发展来看,归化运动员并不能提升本国的竞技体育水平,只是临时的权宜之计。

原韩国短道速滑优秀运动员安贤洙成名很早,在2006年意大利都灵冬奥会,曾获得3金1铜4枚奖牌,使他成为夺得奖牌最多的运动员。后由于受伤没有得到国家的资助进行治疗,使他与韩国冰上联盟产生了裂痕。2011年安贤洙在备战索契冬奥会时,在韩国国内的国家队选拔中落选,随后接到俄罗斯冰联发来的邀请,希望安贤洙可以归化俄罗斯国籍,并明确表示,如果愿意更改国籍,可以直接预定索契冬奥会的名额,并为他提供一切便利的训练条件。2011年12月,安贤洙加入俄罗斯国籍,并更名为维克多·安,成为俄罗斯短道速滑男队的队长。2014年索契冬奥会上,他为俄罗斯夺得了3枚金牌,被认为是归化最成功的运动员。

川口优子曾是日本优秀的女子单人滑选手,其在1998年长野冬奥会看到俄罗斯在双人滑项目上的优秀表现后开始练习双人滑。川口转练双人滑的第一任搭档就是俄罗斯运动员,并代表日本在2001年世青赛获得亚军,为日本在双人滑项目上取得重大突破。2006年,川口优子开始搭档俄罗斯的斯米尔诺夫组成双人滑。虽然世锦赛等部分赛事允许不同国籍的"跨国组合"存在,但如果想参加2010年的温哥华冬奥会,就注定有一方要放弃自身国籍。这一次,川口选择主动放弃日本国籍,为俄罗斯而战。虽然川口优子在冬奥会上没有获得佳绩,但她是历史上第一位代表俄罗斯参加国际大型体育赛事的归化运动员。从花样滑冰双人滑项目特点来看,归化对运动员竞技水平的提高和项目的发展都有积极的作用。

从表9可以看出,在索契冬奥会代表俄罗斯出战的归化运动员,提升了本国的运动成绩,归化的运动员中白俄罗斯和乌克兰原本就是一个民族,语言和文化相同,容易归化,俄罗斯通过归化运动员集中优秀运动人才,获得了较大成功。

表9 索契冬奥会俄罗斯归化运动员名单

姓名	项目	血统	本届冬奥会所获成绩
维克·维尔德	单板滑雪平行大回转	美国	金牌
季莫费·斯里维特	自由式滑雪空中技巧	白俄罗斯	未进决赛
阿索利·斯里维特	自由式滑雪空中技巧	白俄罗斯	未进决赛
塔蒂亚娜·沃洛索扎	花样滑冰双人滑	乌克兰	金牌
弗拉基米尔·格里戈里耶夫	短道速滑男子1000米	乌克兰	银牌
川口优子	花样滑冰双人滑	日本	未参赛
彼得·梅杜里奇	自由式滑雪空中技巧	乌克兰	未参赛
维克多·安(安贤洙)	短道速滑	韩国	3枚金牌

(二)韩国归化运动员的现象

"二战"之后韩国强烈的民族体育意识和政府的重视,使韩国的体育运动获得了迅速的发展,尤其1988年汉城举办夏季奥运会之后,进一步推动了韩国体育运动的发展。为确保冬季项目和夏季项目的同步发展,摆脱冬季运动落后的现状,韩国加大了对冬季项目的投入。韩国队在冬奥会上的成绩和中国队相差无几,冰强雪弱是冬奥会参赛的现状,绝对的优势项目是短道速滑。为了在弱势项目中有所提升,助力实现奖牌目标,韩国奥委会也做出了很多努力,提高弱势体育项目的竞争力,从弱势项目中挖掘出了许多归化运动员代表韩国参赛(表10、表11)。

表10 韩国参加冬奥会获得奖牌及奖牌榜排名

届次	年度	举办地	金	银	铜	总数	排名
16	1992	法国阿尔贝维尔	2	1	1	4	10
17	1994	挪威利勒哈默尔	4	1	1	6	6
18	1998	日本长野	3	1	2	6	9
19	2002	美国盐湖城	2	2	0	4	14
20	2006	意大利都灵	6	3	2	11	7
21	2010	加拿大温哥华	6	6	2	14	5
22	2014	俄罗斯索契	3	3	2	8	13
23	2018	韩国平昌	5	8	4	17	7

表11 第16—23届冬奥会韩国获得奖牌项目统计

项目	金牌数	银牌数	铜牌数	奖牌总数
短道速滑	24	14	11	49
速度滑冰	5	7	3	15
花样滑冰	1	1	0	2
钢架雪车	1	0	0	1
单板滑雪	0	1	0	1
雪车	0	1	0	1
冰壶	0	1	0	1

2018年平昌冬奥会,韩国代表队共144名运动员中,有19名运动员改变了原始国籍(表12)。其中冰球是归化人数最多的项目,韩国为了弥补自己在冰球项目上的劣势,通过归化运动员增强冰球项目的竞争力,而运动员全部来自冰球强国加拿大。出生在德国的女子雪橇选手菲舍尔,归化到韩国的原因是德国是雪橇大国,凭借自己的实力很难参加冬奥会,但她通过归化代表韩国参赛

顺利获得了平昌冬奥会的入场券,与冰球归化运动员的诉求相同,都是为了增加参赛机会,并获得相应的报酬。而这些运动员由于本国的竞争压力,很难代表本国参加冬奥会。韩国冰舞归化运动员,是由于国际滑联组织的国际比赛是允许冰舞组合由不同国籍的运动员组合参赛的。美国运动员加梅林在国际冰舞比赛中经常与韩国选手闵秀拉合作,莱德里斯则与17岁的韩国选手池珉智一起搭档参赛。

表12 平昌冬奥会部分韩国归化运动员名单

姓名	项目	血统
蒂莫西·拉普辛	冬季两项	俄罗斯
叶卡捷琳娜·阿夫瓦库莫娃	冬季两项	俄罗斯
米诺夫	冰舞	俄罗斯
加梅林	冰舞	美国
菲舍尔	雪橇	德国
瑞根	冰球	加拿大
斯维福特	冰球	加拿大
罗顿斯科	冰球	加拿大
央恩	冰球	加拿大
道顿	冰球	加拿大
帕兰特	冰球	加拿大

在索契冬奥会上,韩国仅有1位归化球员,而且这位球员的父亲还是韩国人。在平昌冬奥会上韩国的归化球员大部分来自北美和欧洲,归化运动员的数量也大幅增加,目的在于利用主场优势,弥补冰雪项目的"短板",争取获得比较理想的成绩,以引起国际关注,争取国际体坛的话语权。

(三)我国对归化运动员的反思

我国的归化运动员主要分为两类,一类为国外血统的归化运动员,一类为带有华裔血统的后裔运动员(表13)。我国冬奥会竞技体育成绩很难在短时期内大幅度提高,通过引进归化运动员能提升国家队的实力,带动弱势项目的发展。但从平昌冬奥会韩国归化运动员的情况来看,归化运动员并没有达到预期的目标，而俄罗斯归化效果非常明显，这主要和归化球员的水平有关。归化运动员是一种急功近利的行为，韩国和中国都归化大批冰球运动员，主要目的是增加比赛的观赏性，缩短与参赛国家之间的差距。我国冰球竞技水平较弱，归化冰球运动员短时间内并不能改变我国冰球的竞技体育水平，也不可能迅速提高成绩。中国有着中华民族自己的情结，保持着中华文化独有的特点，因此我国在归化运动员政策方面一直保持着谨慎的态度。

表13 我国冰雪项目归化运动员

姓名	项目	血统	原名	出生年份
朱易	花样滑冰	中美混血	Beverly Zhu	2002
谷爱凌	自由式滑雪	中美混血	Eileen Gu	2003
郑恩来	冰球	中加混血	Ty Schultz	1997
米克尔·谭	冰球	中加混血	Mikacl Tam	1991
布兰登·王	冰球	中加混血	Brandon Wong	1986
布兰登·叶	冰球	中加混血	Brandon Yip	1985
科里·凯恩	冰球	中美混血	Cory Kanc	1990
格雷格·斯夸尔斯	冰球	中美混血	Greg Squires	1988

第八章　国家形象塑造中的冬奥会危机传播

与全球性媒介事件相比，冬奥会危机传播具有不可控性。在过去的两届冬奥会上，出现了多起体育危机事件。在媒体发达的今天，危机传播会影响国家形象。更重要的是，通过新闻媒体的报道，索契的"五环变四环"、俄罗斯遭恐怖袭击、平昌短道速滑赛场上不公平"犯规判罚"，以及俄罗斯代表团遭禁赛事件在国内外掀起了轩然大波。随着平昌冬奥会的落幕，冬奥会"北京周期"也随之正式开启，2022年北京冬奥会受到了全世界的关注，身为东道主的中国如何合理利用主场优势，提升危机公关能力，以正确的对策去预防、化解以及修复体育危机事件，这些问题都将直接关系到我国的国家形象。因此，合理利用新媒体环境下的体育赛事传播，对提升国家形象和增加国际话语权具有十分重要的作用。

第一节　体育赛事危机公关的内涵

一、体育赛事危机的概念

任何概念的界定都要联系社会和时代背景，做到历史和逻辑的统一，才能真正切合要点，即具有解决问题和研究的价值。因此，从历史演进出发，首先研究那些已有的、具有代表性的危机定义，找出并理解每个危机概念中的不同侧重点，才能最终归纳总结出适合当代的体育赛事危机的概念。

从传统观念的角度来看，人们通常将危机认为日常生活中发生的事故、灾难或危害，或者将其理解为事物所处的一种紧急和突发状态。

从学术研究的角度来看，可从已有研究资料所知，学者们对于危机的研究已长达半个世纪之久，得出多达100多种关于危机的定义。数量如此之多，是由于每个学者对于危机的研究视角不同，同时表述方法也存在巨大的差异。

赫尔曼（1972）将危机定义为一种形势，在这种形势中，决策者的根本目标受到威胁，作出反应的时间有限，形势的发生出乎决策者的意料。

罗森塔尔和皮恩伯格（1991）引申出更广泛的危机概念，危机是对一个社会系统的基本价值和行为架构产生严重威胁，并且在时间性和不确定性很强的情况下必须对其作出关键性决策的事件。

巴顿（1993）认为，危机是一个会引起潜在负面影响的具有不确定性的事件，这种事件及其后果可能对组织及其员工、产品、服务、资产和声誉造成巨大的损害。巴顿还明确地将影响范围扩大到组织及员工的声誉和信用层面，并认为组织在危机中的形象管理是非常重要的。

斯格（1998）等人认为，危机是一种能够带来高度不确定性和高度威胁的、特殊的、不可预测的、非常规的事件或一系列事件。

国内学者肖鹏军（2006）综合其他学者定义危机的决策和冲突两个视角，将危机表述为，指个人、群体或组织由于突发事件的出现，而受到破坏，严重地威胁到其正常的生存和发展的状态。从一定意义上，将突发事件作为危机的代名词。

胡百精（2013）系统性地描述为，危机是由组织外部环境和内部系统突然变化，可能破坏正常的秩序和目标，要求组织快速决策、作出回应的威胁性事件、状态或结构。

以上广为引述的经典定义，都描绘出危机的框架性图景，如不确定性、紧迫性、破坏性和潜在威胁性等。在这些描述性要素的基础上，推断出体育赛事危机的概念：主要是指赛场内外突发的违背赛场秩序或规律并对赛事进行或人员生命财产造成威胁的，削弱赛事价值的，在时间极短且不确定性极高的情况下，必须快速作出关键决策和应对措施的事件。

二、体育赛事危机公关内涵

厘清体育赛事危机公关的内涵，有必要先厘清何为危机公关，只有理解危机公关定义的侧重点，才能更全面地把握体育赛事危机公关。

罗子明、张慧子在《新媒体时代的危机公关》一书中表示，危机公关具有两层含义：第一，指危及或损害良好公共关系状态的潜在或已发生的破坏性事件；第二，良好的公共关系状态受到威胁或破坏将会或已经陷入严重困难和危险的灾难性前景或格局。从一定意义上说，前者是因，后者是果，相互依存，密不可分。

吴曼芳在《大众传媒的危机公关策略》一书中指出，"危机公关是应对危机而产生的公共关系种类，而同时，危机公关也是化解、处理危机事件的有效途径。"

李沐子在《新媒体时代体育明星危机公关研究》一文中写道，"危机公关是指组织或个人通过危机监测、危机预控、危机决策和危机处理，达到避免或者减少危机产生的危害，甚至将危机转换成机会的目的。"

根据以上学者对危机公关的相关阐述，可以总结出危机公关的三个基本要素：第一，危机公关是一种管理策略；第二，危机公关强调组织与公众的关系；第三，注重治理与预防并存。

在此基础上，进一步总结出体育赛事危机公关的内涵，主要是指体育组织对危机的公共关系处理，具体来说就是组织处理给公众带来损失、给组织形象造成危害的危机事件，以及预防、扭转或挽救组织发展中出现的不良状态所采取的公关策略和措施，或实施的有针对性的一系列控制行为。其中体育赛事危机公关不仅要着眼于治理，着眼于危机监测、危机预控、危机决策、危机处理，还要着眼于危机的预防，尽可能地将风险因素消除在萌芽阶段，以防进一步发展扩大为体育赛事危机。

第二节 体育赛事危机传播的特征与类型

一、体育赛事危机传播的特征

（一）传播方式多样化、传播速度加快、传递范围更广

从前传统的传播方式，例如电视、广播、报纸、杂志等媒介在对赛事危机事件传播之前都需要一个信息采集和制作的过程，在时间上往往存在一定的滞后性。随着全媒体网络时代的来临，一些类似于微博、微信、抖音、QQ等其他传播媒介的加入，极大地丰富了信息的传播形式，同时也从时间上加快了信

息制作的过程，从空间上跨越了地域、国家和民族的界限，促使人们可以随时随地通过移动互联网终端接收并传递信息，这让体育赛事危机的传播影响更为深刻。2019年8月18日，包头国际马拉松最后一名选手被志愿者劝退引起的嘲讽选手事件在网络上爆出，8月23日，该事件在抖音、微博等网络媒体发酵，迅速扩散，并在各大媒体上形成了报道。8月23日晚，包头马拉松组委会终于给出了回应，并发布了致歉公告，但事件已经形成传播和影响，从数据上看，8月18日到8月25日，共计产生了12607条关于包头马拉松的文章，其中负面信息多达9449条，占全部新闻的74.95%。通过关键词搜索，包含致歉内容的文章数有3164条，仅占全部新闻的25.09%。从热度指数的变化趋势来看，包头马拉松的热度在8月23日19时达到了34.75的峰值。可见，包头马拉松嘲讽选手这个负面新闻产生的热度和影响力，对包头马拉松未来的举办和运营将产生重要影响。

（二）信息传播身份混淆化

在传统信息传播的时代中，体育赛事的危机信息通常是由体育官方媒体经过综合考虑、权衡利弊后向公众公布的信息，但是受线性传播的影响，受众的信息反馈与传播者无法建立即时的互动，是一个较强的单向性传播过程。而在全媒体时代，各式各样的传播媒介使得信息传播权利泛化，每个社会民众都享有信息接收和传播的权利。这样一来，弱化了传统信息媒介的主导作用，传者和受者的界限被打破，甚至还出现了信息传播角色互换。正是在去中心化的新媒体环境和多样化的传播方式的影响下，一旦出现危机事件，赛事组织方将更加难以把控。

（三）议程设置多元化

在全媒体时代，每个社会成员都可以作为信息的接收者、阅读者和传播者，其中由于个体生活环境、生活阅历和知识文化水平的差异性，常常表现出参差不齐的媒介素养，这使得在体育赛事危机事件发生之后，个体在接收信息时常常会加入一些带有主观和片面的判断，从而导致信息出现多种不同的解释。尤其是在体育赛事危机事件产生的初期，受信息不明性的限制，外加质疑或恐惧心理的影响，个体对危机事件的特征、起因、发展趋势及利害关系等缺乏明确的判断。在这种时候，个体常常凭借以往的经验来补全不明的信息，从而导致意见的多元化。随着社会成员信息主导性的不断加强，具备了较强的自我议程设置能力。因此，在面对同一件体育赛事危机事件，不同的社会成员表现出不同的自我议程设置。

（四）把关工作严峻化

传统媒体对信息传播往往要遵守传播制度和审查制度，再通过各个层级的筛选、加工、过滤等过程，才能有效地呈现在公众视野，其中把关人的职责就是决定信息传播的内容及掌握传播发展的方向。在全媒体时代，信息传播具有分散性特点，逐渐削弱了把关人对信息的支配作用，使得信息的控制难度大大加深。在这种背景下，危机事件爆发后，把关人利用信息科技等手段修改网络社区等媒介环境的关键词，也不能及时扭转信息传播的发展局势，这对把关人的工作效度提出了更大的挑战。新冠疫情在日本的发展情况无法预料，导致2020年东京奥运会延期举办，自然也成为外界关注的焦点。国际奥委会委员迪克·庞德还表示，如果三个月之后新冠疫情威胁不能消除，东京奥运会的举办工作将重新协商。然而很多媒体却断章取义，发布消息称：东京奥运会受疫情影响将会取消。这则新闻引起了轩然大波，显然报道这一消息的媒体将迪克·庞德的观点断章取义，且庞德的个人观点无法代表国际奥委会，有些媒体将庞德的个人观点误报为国际奥委会的观点，这也是不负责任的体现。

（五）虚假新闻和谣言复杂化

与传统媒体相比，全媒体由于信息传播身份的匿名性，越来越多的人毫无顾忌地参与到信息加工、解读和传播的过程中，这无疑增加了信息管控及过滤的难度，致使信息的可信度大大下降。尤其是在体育赛事危机发生的紧急状况下，大量没有被证实的消息及谣言被传播出去，使得媒介信息环境更加复杂化，受众对于事件真伪性更加难以辨别。不仅如此，由于体育赛事还涉及赛事组织者及赞助商的利益，一旦出现危机，势必会折损相关效益，使得各个利益方产生一些过激的传播行为，促使传播形势不断升温。在低信度的社会舆论环境中，严重抑制了打击虚假新闻和澄清谣言工作的开展。

二、体育赛事危机传播的类型

体育赛事通常开展于人流量大、交通便利、信息传播便捷的城市，再加上体育赛事项目本身就具有对抗性、激烈性等特点，这些因素都大大提升了体育赛事中出现危机风险的概率。诸如裁判黑哨、运动员冲突、球迷斗殴、服用兴奋剂等问题，在体育赛事中出现的概率往往难以预测和估量。通常而言，体育赛事危机事件是以体育赛事为主体，是指在体育赛事的前、中、后三个阶段，违反赛事规范及影响赛事秩序的事件。体育赛事危机事件常常还表现出危害性大、影响力强等特点。因此，体育赛事组织方需要及时出动，想尽一切办法，尽可能地将体育赛事危机对国家和个人的损失及影响降到最低。在这种高风险的社会中，合理利用体育赛事危机传播作为体育赛事危机事件产生和发展过程的必要参与工具，对维持赛事正常运行、社会秩序及经济效益都具有很大的意义。

目前，关于体育赛事危机的分类并没有统一的认识。不同学者根据不同的标准划分为不同的类型，主要有以下几种分法：

李树梅、孙庆祝（2005）将体育赛事危机主要分为两大类：一是由不可控的自然灾害引起的危机。二是由人为因素引发的危机。

王惠生、李金宝（2006）根据体育赛事危机形成的原因主要分为体育赛场危机事件、体育明星危机事件、体育管理危机事件三类。

李琼（2014）根据体育赛事危机划分的模型及特点，采纳了两种划分标准：一是人为原因与非人为原因的标准；二是内部原因与外部原因的标准。

此外，体育赛事危机还存在广义和狭义之分，广义的体育赛事危机通常是指在赛事的前、中、后三个阶段中，出现在赛场内外的所有危机事件；而狭义的体育赛事危机是指在体育赛事进行过程中出现的危机事件。

而本人采纳国内大多数学者所认可的体育赛事危机分类方法，此方法是根据所受影响因素不同分为外在型赛事危机和内在型赛事危机两大类。其中外在型赛事危机是指体育赛事在举办过程中受外部因素所导致的危机，主要包括自然灾害、事故灾难、公共卫生安全事件、国内外暴力与恐怖袭击事件、人为因素导致的政治事件、基础设施事故等。内在型赛事危机是指在赛事举行过程中受组织内部管理不善给赛事造成巨大损失的非预见性事件，具体包括观众因比赛结果闹事、裁判员的错判、比赛双方的运动员发生的肢体言语冲突、体育比赛赛场设备出现故障、新闻媒体舆论误导受众、运动员服用兴奋剂等事件。

第三节 冬奥会危机事件的案例回顾与分析

在冬奥会的快速发展时期，尤其是索契冬奥会和平昌冬奥会，其中有一些危机公关的成功案例，当然也有不少处理不当的危机公关事件，在以下案例中，希望从媒体赛事传播的角度得出近年来冬奥会赛场内外所发生的危机公关事件中存在的问题，从而归纳总结出规律，为我国未来举行各项赛事奠定一定的理论基础。

一、冬奥会危机事件的案例回顾

（一）索契冬奥会开幕前恐怖袭击事件

自奥运会产生起，国际奥委会就一直提倡在奥运期间世界各国不准挑起战争，同时更不能做出一些影响比赛安全和社会稳定的举动。但事与愿违，1972年，巴勒斯坦恐怖组织成员制造出震惊世界的"慕尼黑惨案"，导致11名运动员和教练员死亡。2005年，英国获得2012年奥运会举办权的第二天，伦敦市中心就出现了地铁和公共汽车连环爆炸事件，造成52人丧生，近百人受伤的严重后果。本以为后人能吸取前期的教训，全面做好安保和维持社会稳定的工作，终止恐怖袭击的奥运历史，但2014年索契冬奥会开幕前的一个月，又出现一桩恐怖袭击事件。

据美国有线电视新闻网（CNN）报道，本事件发生于距离2014年冬奥会举办城市索契约300英里（1英里≈1.61公里）的斯塔夫罗波尔边疆地区，由汽车爆炸案引发6人死亡。随后斯塔夫罗波尔边疆地区警方跟进调查，对此事件有了新的发现，认为6名遇难者并不完全是在爆炸案中丧生的。其中警方在一辆汽车中发现了1具尸体，再接下来，从另一辆车中又发现了3具尸体以及制造炸药的原料。当警方想对其进行仔细检查时，一个爆炸装置便随即引爆，紧接着警方还在不远处的第三辆汽车中找到了另外2具尸体。最终，该事件被再次定性为奥运会恐怖袭击事件。

对此，俄罗斯紧急情况部部长普奇科夫表示，从1月7日开始，所有负责保护冬奥会游客及参赛者安全的部队都已经进入了战斗警戒状态。然而，索契冬奥会恐怖袭击事件再次发生后，俄罗斯政府和公关团队并未对安保问题做出任何明确的回应和措施，让冬奥会参与各国又陷入极度的恐慌之中，再加上媒体舆论对该事件的轰炸式抨击，使公众将由质疑引发的舆论再次聚焦于俄罗斯的国家安全上，对索契冬奥会的正常开展和俄罗斯的国家形象都造成了不可小觑的影响。

（二）索契冬奥会开幕式"五环变四环"突发事件

每届奥运会都有固定的程序化仪式，如奥运五环的展示，诠释奥林匹克运动的所属权，是全球公认的奥运会标志符号，独具视觉特色的奥运五环呈现了一届又一届风格迥异的奥运会。2014年2月8日，在以"俄罗斯之梦"为主题的索契冬奥会开幕式上，伴随着优雅的音乐，雪绒花绽放却意外变成四个白色的圆环，奥运五环变四环，由此诞生。事后，冬奥会官网也发表声明承认失误，他们表示出现这样的问题并非事先设计，而是在临场出现意外。连带开赛前的种种冲突，满天飞扬的舆论使得索契冬奥会从一开始就遭遇了一场国家形象危机。

索契冬奥会闭幕式上，俄罗斯人用自嘲的公关方式弥补了遗憾。开场舞结尾，舞蹈演员先还原了开幕式时的"故障四环"，再慢慢展开形成了一个完整的五环。这一幕，让现场观众会心一笑，也得到舆论的广泛好评，一场体育赛事危机也实现了逆转。索契方面通过一系列体育危机公关管理策略以及始终自信的表现成功地挽回了国家形象。

（三）平昌冬奥会短道速滑赛场的舆论危机事件

平昌冬奥会的短道速滑赛场可谓是风云迭起，虽然各国名将以精彩绝伦的表现不断刷新着世界纪录，但是，裁判员的一系列争议判罚反倒成为了本届冬奥会短道速滑赛场上的热门话题。比赛期间，包括中国队在内的各国短道速滑队屡屡受到裁判的犯规判罚，被取消了比赛成绩。

在短道速滑女子3000米接力比赛中，中国队被判犯规取消亚军的成绩，韩国队则争议性地获得了冠军。国内舆论漫天飞舞时，《人民日报》次日以一篇名为《被判犯规取消成绩 中国队提出申诉》的文章对此进行了报道。文中先是简单叙述了事情的经过，再通过引用中国队主教练李琰以及中国体育代表团的言论间接表明了我国将通过申诉坚决维护中国代表团利益的态度。不仅在一定程度上稳定了军心，也尽可能降低了受众传播各种消极舆论的可能性。

（四）平昌冬奥会俄罗斯禁赛危机事件回顾

平昌冬奥会俄罗斯遭禁赛事件是源于俄罗斯国家系统性使用兴奋剂，事件肇始于2014年索契冬奥会，其涉及人员之广，裁决之严，毒害之深，声讨之多，是现代奥运会自产生以来，产生后果最严重的群体性兴奋剂事件。此事件主要经历了4个阶段：丑闻突然曝光、事件持续发酵、事态全面引爆、判罚最终确定。

1. 丑闻突然曝光

2014年索契冬奥会赛场上，俄罗斯代表团不负东道主之名，获取33块奖牌位列榜首，其竞技体育水平再次刷新历史。然而同年12月，德国ARD电视台播放了一则名为《Secret Doping Dossier: How Russia produces its Winners》的纪录片，内容讲述了一名俄罗斯反兴奋剂机构前官员斯捷潘诺夫提供了大量证据，并深刻揭露了俄罗斯田径界存在系统性使用兴奋剂的行为。一时间，俄罗斯兴奋剂丑闻正式曝光。

2. 事件持续发酵

2015年11月13日，国际田联取消了俄罗斯田径协会的会员资格，68名俄罗斯田径运动员被全面禁赛。其后的2016年5月，前莫斯科反兴奋剂中心主任罗琴科夫接受了《纽约时报》的采访，详细指出在索契冬奥会期间，俄罗斯联邦安全局和体育部如何运作兴奋剂的经过，包括研制新药、阻碍检查、调换尿液、用高科技打开尿液瓶。此文一出，直接将此次兴奋剂事件的熊熊烈火由俄罗斯田径界烧到了整个体坛，更将矛头指向了具有"国家背景"的俄罗斯体育部和联邦安全局。

3. 事态全面引爆

2016年7月，俄罗斯奥委会及68名田径禁赛队员向国际体育仲裁法庭提出上诉，要求恢复俄罗斯田径协会资格，并申请田径队员以个人身份参加里约奥运会。就在国际体育仲裁法庭即将公布审判结果的同时，世界反兴奋剂机构（WADA）于7月18日不合时宜地公布了一份长篇调查报告。报告中不仅印证了罗琴科夫的说法，更是指出俄罗斯有关体育部门用兴奋剂操纵了国家绝大部分体育项目，其中田径、举重、摔跤项目是重灾区，直接将兴奋剂使用行为上升为国家行为，将事态全面性引爆。

4. 判罚最终确定

2016年7月21日，国际体育仲裁法庭驳回俄罗斯上诉，维持俄罗斯68名田径选手禁赛判决。同年7月24日，国际奥委会执委会决定保留俄罗斯代表团的整体参赛权，但最终判罚仍未敲定。直到2017年12月5日，由14人组成的国际奥委会小组在瑞士洛桑举行会议，最后决定禁止俄罗斯代表团作为整体参加韩国平昌举行的冬奥会，届时禁止俄罗斯国旗、国歌在平昌赛场上出现，只有"干净的"俄罗斯运动员可以以个人身份参赛，同时还暂停俄罗斯奥委会在国际奥委会的成员资格。

二、对冬奥会危机事件的分析

根据国内大多数学者所认同的分类标准，可以将上述四个案例分为两类，其中索契冬奥会开幕前恐怖袭击事件和平昌冬奥会俄罗斯禁赛危机事件属于外在型赛事危机，而索契冬奥会开幕时"五环变四环"突发事件和平昌冬奥会短道速滑赛场的舆论危机事件属于内在型赛事危机，接下来分别对其进行分析。

外在型赛事危机是由外部因素引起的，一般是可以根据以往经验预判的，但联动关系较为复杂，影响范围也较为广泛。就如索契冬奥会开幕前恐怖袭击事件不仅涉及体育，还与国家内政问题联系密切，其中俄罗斯国家内部的敌对分子为了打击政府，不惜在索契冬奥会开幕前营造爆炸案的惨剧，引起新闻媒体的争相报道，最终导致社会大众和参与国忧心不已。在此过程中，恐怖敌对分子就是意识到他们的行为符合"新闻价值"原则，并且巧妙利用媒体赛前的新闻报道进行议程设置，达到负面造势的目的。为此，俄罗斯采取沉默和逃避的公关策略，导致网络上各种传闻、猜疑、争论盛行。接下来，平昌冬奥会俄罗斯禁赛危机事件源自俄罗斯系统性使用兴奋剂，然而在进展过程中，一直跟俄罗斯处于敌对面的美国政府联同一些西方国家，对该事件进行了深入挖掘和大肆报道，发现问题的原因并非想象中那么简单，还严重涉及俄罗斯政治、经济、文化等各个社会领域，并对其进行了严厉的深层次的抨击。面临此次危机，俄罗斯依旧采取的是逃避策略，国家领导人事后还强势回应这是一场政治干涉体育运动的战争，将过错引咎于美国对其的政治干预，更是将这场危机推向另一个高潮。

而内在型赛事危机是由内部因素引起的，其不确定成分较大，常常认为难以预知和控制。就如索契冬奥会开幕式这种大型场合，其表演节目必定经过私底下的反复排练，才能更好地呈现于关键舞台上，出现"五环变四环"突发事件，却在意料之外。而这种大型场合，通常聚集着诸多媒体，事故拍下瞬间，必定会激起万层浪花，其传播影响不可预知。尽管遭遇形象危机，索契方面并没有就此放弃，而是采取一系列的补救措施来展开公关。首先，在开幕式结束后，及时通知媒体召开发布会，总导演为此真诚地承认失误，并利用减少敌意的语言策略，解释一丝瑕疵不能否定整体，望公众体谅。其次，利用闭幕式重现开幕式的场景，成功纠正错误行为。最后，闭幕式结束后，面对全球媒体，总导演穿着代表失误的四环标志纪念衫从容出席，引发全球媒体和网友们的纷纷点赞，认为这是一次幽默又具有技巧的形象公关，不仅重新建立与公众之间的诚信关系，还利用危机，化危为机，提升了国家形象。而平昌冬奥会短道速滑赛场的舆论危机事件，其根源就是赛事组织人员的判罚所引发的事故。一般而言，所有重大比赛中的判罚都是依照国际标准，但由于短道速滑项目的激烈程度，常常会出现一些摔倒、撞击等意外事故，甚至出现误判的情形。而此次接二连三对中国队不利的判罚，部分媒体采用民族主义的报道视角来维护中国，一定程度上激化了矛盾，显然这是一次不合理的报道策略。

第四节　冬奥会危机公关注意的问题

在上述案例中，有成功化解危机事件的，也有因处理方法欠妥未能及时化解危机公关的。综上所述，各国组织在冬奥会危机公关的发展过程中要注意以下问题。

一、奥组委要有危机意识，要掌握信息发布的主动权

在危机事件发生之前，对可勘测、预控的危机，例如由天气、公共卫生与安全、基础设施隐患所引致的外生型危机，要提高快速识别和预警的意识。北京冬奥会高山滑雪男子速降比赛因天气原因而延期，在危机处理过程中，中国气象保障团队在赛事决策中发挥作用，高山滑雪运行官方团队和赛事裁判委员会根据各方面的反馈信息做出延期比赛或推迟训练的决定。

在危机事件发生后，奥组委要在第一时间联络新闻媒体发布信息，先入为主，占据信息高地。在北京冬奥会举办前，一直有"外交抵制"北京冬奥会的杂音。但美国奥委会主席苏珊·利昂斯曾表示"抵制对运动员是不公平的"。当记者问到如何看待"外交抵制"北京冬奥会时，我国外交部发言人赵立坚重申立场："北京2022年冬奥会和冬残奥会是世界各国冬奥运动员的舞台，他们才是真正的主角。将体育运动政治化有违奥林匹克精神，损害的是各国运动员的利益。中方坚信，在奥林匹克精神的指引下，在各方共同努力下，我们一定能为世界呈现一届简约、安全、精彩的奥运盛会，共同推动国际体育事业的健康发展。"因此，奥组委要避免大量虚假新闻和谣言的涌入，喧宾夺主，主导公众舆论，要注意信息发布的主动权。

二、媒体要构建议题，注意新媒体影响作用

沟通交流是连接体育组织与媒体、公众之间诚信关系的桥梁和纽带。在北京冬奥会上，同为归化运动员的谷爱凌和朱易，谷爱凌不负众望，获得2金1银的好成绩，赢得了尊重和掌声，成为现象级的运动员，受到追捧，而第一次参加冬奥会的花滑运动员朱易则正好相反，由于压力过大，在花滑赛场上多次出现失误。赛后引发了关于朱易奥运会资格的获得、身份问题等各种争议。之后中国花样滑冰协会晒出了当时选拔赛的视频，从视频来看，朱易获得参赛资格完全是没有问题的，这一系列的争议加之网民讨论逐渐发酵成具有危机性的体育突发事件。

从美国传播学者麦库姆斯和唐纳德·肖提出的议程设置理论中可知，大众媒介具有为公众设置"议事日程"的功能，传媒的新闻报道和信息传播活动以赋予各种议题不同程度的显著性的方式，影响着公众对周围世界"大事"及其

重要性的判断。

进入全媒体时代后，微信、微博、抖音等一些移动网络新媒体的出现，使得信息交互变得越来越便捷，但对于危机爆发后的赛事管理者来说是一项艰巨的挑战。通常，赛事管理者只关注传统权威媒体的报道，对一些自媒体发声往往存在懈怠问题。但由于新媒体多样化、传播速度加快、传递范围更广；新媒体"去中心化"的特性使信息传授角色混淆化，危机信息高度共享；新媒体"把关人"的弱化使得信息传播过程中，出现失真的现象，给公众和冬奥会公关工作带来不可小觑的影响。如从朱易网暴事件可以看出，公众在自媒体放大镜效应后，习惯性选择相信运动员的失误是由于"技术不行""参赛名额"等敏感问题，这些问题是我国奥运选拔人才过程中出现过的现象，当看到这类报道时容易形成刻板效应，再加上归化运动员的身份，出现以偏概全的晕轮效应。因此，主流媒体要积极拥抱互联网，主动设置议题，积极引导受众。

三、责任人要主动承担责任，态度要积极诚恳

很多国家和运动员在陷入危机时，首先考虑的是掩盖事实，维持自身形象，越发如此，越容易引发禁果效应，诱使或迫使公众和新闻媒体去查找事实缘由，殊不知这是错误公关的开始，在后期往往会引发一系列蝴蝶效应。在冬奥会这样高水平比赛中，尤其是打分类项目，经常会出现争议事件。在北京冬奥会单板滑雪项目男子坡面障碍技巧决赛，苏翊鸣获得银牌。单板爱好者网站针对裁判员的打分引发争议，决赛裁判长伊兹托克·舒马蒂奇赛后在接受一个单板滑雪专业网站采访时表示，现场裁决确有瑕疵，但他们只能根据即时所见的画面做判断。

四、注意危机后的形象修复工作

赛事管理者必须十分清楚，冬奥会赛场内外发生危机事件在所难免，关键在于如何进行危机发生后的形象修复工作，想出利用危机，化危为机的对策。但现实不尽如人意的是，往往在危机发生后，赛事管理者不仅没有及时纠正错误行为，还遗留下一连串迫于解决的现实问题，对国家形象和国际关系造成一定的影响。

2008年北京夏季奥运会举办前的5月12日，中国汶川发生了大地震。中国

政府在第一时间组织抗震救援工作，在国内赢得了公众对政府的肯定，树立了良好的政府形象；也向全世界展示了中国人民"万众一心，众志成城"的坚定信念，树立了良好的国家形象。针对社会危机事件和重大突发事件，我国政府总结了诸多经验和教训，尤其2020年我国在应对新冠病毒全球重大事件中，中国政府的执行力受到了世界各国的赞誉。可控事件和不可控事件是两类不同性质和类型的事件，它们对国家形象的影响不同，因此对于政府和媒体来说所采取的措施也存在很大差异。

第五节 冬奥会危机公关的应对策略

从古至今，我国就有"预则立，不预则废"一说，因此，必须吸取前事的教训，预先制定合理可行的危机公关策略，以防类似事件的再度发生。北京冬奥会期间，做好疫情防控工作成为举办北京冬奥会的关键。通过前几届冬奥会典型的危机事件可知，所有的危机事件并不是突如其来的，而是通过阶段性的发展、升级、演变才形成的，通常这个过程分为潜伏、初发、持续、消退四个阶段。据此，北京冬奥会危机公关的应对策略将围绕四个阶段全面展开。

一、潜伏阶段应对策略

（一）树立危机意识，及时预报危机信息

虽然冬奥会危机事件具有积累性、破坏性、突发性、发生条件难以控制等特点，但只要有关管理部门足够用心，绝大多数危机事件是可以预见的。"忧患意识"是奥组委每个成员必须具备的危机意识，同时也是运动员及社会全体人员需要贯彻的思维意识。冬奥会在运行举办过程中存在着各式各样的风险，具体来说，存在政治风险、经济风险、自然风险、组织管理风险等。因此，在冬奥会开始之前，政府有关部门需要积极开展宣传、教育、培训等活动，强化所有成员的危机意识并提高风险识别技能，在此基础上，逐渐编制和完善冬奥会风险分类汇总表，为危机公关工作提供参考依据，并对潜在性风险做出一定的预案计划，以避免危机的爆发或减轻危机造成的危害。

在风险还未转化为危机时，赛事组织者必须提高警惕，对偶然性、突发性事件，即便是小事，都要及时将危机信息公布于众，并尽可能地将风险源头消灭于萌芽阶段。例如温哥华曾出现的因气温回升导致雪场坍塌事件，如果赛事组织者能提高警惕，及时发现问题并传递信息，让参与各国都做好风险准备，也就不会造成后期运动员意外丧生的重大事故了。

（二）重视组织协作，提升自身管理水平

组织作为维系冬奥会正常秩序的中坚力量，必须重视内部协作，提升自身管理水平。在硬件方面，由于冬奥会所有项目都属于冰上和雪上项目，有其一定的特殊性和危险性，非常依赖赛场内的冰雪质量及设施场地的安全性，如果出现意外，将很难维系赛事的正常秩序。因此，在我国可控的造雪制冰技术下，必须反复检查并优化比赛条件，打造良好的硬件设施，排除此类风险因素所带来的隐患。在软件方面，奥组委必须重视组织的内部文化建设，提升团结协作的意识，合理分配各个部门的工作和要责，同时注重各部门之间的合作，形成高度分工且协调一致的工作场面，以此加快危机来临之际的处理速度，减少赛事停滞时间过长而带来更大的损失和伤害。

（三）强化媒体合作，构建良好媒体关系

媒体是奥组委和公众之间沟通的桥梁与纽带，一般具有信息传播迅速，受众广泛的特点。新媒体环境下"防火、防盗、防记者"的信息封闭时代已经过去，取而代之的是"透明、迅速、广泛"的信息开放时代，奥组委必须与媒体打好交道，与媒体建立起良好的伙伴关系，才能借助媒体掌控信息发布的主动权，与公众建立起及时沟通、信息互通的诚信关系。如果在冬奥会进程中，一旦出现危机事件，首先，组织者必须遵循速度原则，及时发布危机信息，主动提供进展情况，以满足媒体和公众的信息需求，同时为对公众造成的困扰和不便进行诚恳致歉，并且主动承担职责，采用诚恳的态度和严谨的处事风格来降低对举办国形象的影响。其次，奥组委必须出动精干的公关团队，在危机来临的瞬间，联合媒体主导信息空间，从而形成一定的信息高度，及时扭转不利局势。

因此，在冬奥会危机的潜伏阶段，奥组委就要制定有效的媒体报道策略与目标，建立专门的新闻机构，提供冬奥会的新闻信息服务，随时互通信息，这

样一来,奥组委才能在危机发生最短时间内,利用主流媒体打消不实言论,确保自己的权威地位,维系与公众之间的诚信关系,进而利用危机为举办国树立良好形象。

(四)合理设置议程,积极宣传本族文化

在赛事的早期阶段,政府要充分把握北京冬奥会作为全球性媒介事件这一机遇,合理利用媒介的议程设置功能和策划手段,选择一些重要的会议、座谈、活动等场合,削弱国家政治色彩,大力宣传我国历史悠久的体育文化,适时增加体现我国经济发展、社会进步、人民富足等的元素,提升民族和国家形象,从而营造出良好的国际舆论氛围。

2014年索契冬奥会开幕之前,俄罗斯就早已买进数辆奔驰SUV豪车停于克里姆林宫前的红场上,然而在外媒的刻画下,这给公众带来俄罗斯求胜心切的第一印象,以至于公众对后期俄罗斯爆出的兴奋剂事件都带有一定的刻板成见。如果俄罗斯能够重视首因效应,合理利用议题为自身塑造顽强拼搏、不服输的体育形象,那么随后的一系列危机事件是否仍会显示当时那种结果?

二、初发阶段应对策略

(一)把握速度原则,及时发布危机情况

英国危机公关专家里杰斯特提出"3T原则",即Tell your own tale(以我为主提供情况);Tell it fast(尽快提供情况);Tell it all(提供全部情况),以此来强调及时发布危机信息的重要性。因此,在危机的初发期,必须把握速度原则,及时发布信息,发表详细的声明,从而抢占第一先机,避免事态的进一步扩大。

以往危机公关的黄金处理时间是24小时,即从发生起24小时内,是消息传播最快、变形最严重的时段,也是公众最焦虑、最渴望信息、最惶恐的时代。如果不能在24小时内做出反应,向媒体就其所知公布一切信息,那么赛事组织方就失去了防止事态恶化的最佳时机,以后的挽救,就要花费百倍的努力。而如今社交媒体的发展使得黄金时间无限缩短。因此,一旦危机爆发,一方面,赛事组织者必须联系主流媒体,快速召开记者发布会,对该事件做出正确的声

明，尤其注重意见领袖的发声，使其更具说服力；另一方面，赛事组织者必须统一口径，通过本届冬奥会的官方微博和微信公众号等新媒体平台，及时发布危机情况，澄清事实真相，表明正面的立场和态度。这不仅可以直接与利益相关者进行危机沟通，也为一些公共媒体提供信息来源，避免小道消息的肆虐。因此，只有全面公开信息，确保公众的知情权，才能最有效地控制事态，同时也为后期的舆论引导奠定坚实的基础。

（二）注重主动原则，跟进报道危机进展

信息传播中"禁果效应"，是指当人们迫于外界压力无法自由获取信息时，人们往往对那部分被迫疏离的信息越发有想了解的欲望，这使得施压者与受传者之间的隔阂就越大。尤其是在新媒体时代，赛事组织方想竭力"捂住"危机信息，难度就更大，任何一个运动员或知情人随时都有可能通过移动网络媒介透露风声，让公众捕捉到一些关键信息，从而诱使公众更想了解危机事件的发生过程。因此，当冬奥会中出现危机事件，赛事组织方在得知具体情况后，要立即作出判断、主动出击，确定危机公关的立场和原则，找出应对策略并实施举措，在最短时间内将具体信息向新闻媒体公布，并随时透露进展情况，这不仅让公众看到举办方的诚信意识，还能让公众感受到举办方快速的行动力。

我国在一些重大体育赛事中，也遭遇过不同类型的危机事件，一般出现后，由于危机的来势凶猛，或无先例可循，无法主动出击和行动，往往拒绝媒体的发问，以沉默的方式来拖延时间，从而错过了危机处理的最佳时间。不如直面危机，坦诚回答媒体的疑问，放下姿态与公众及早沟通、友好沟通、全面沟通，告诉公众真实情况，并随时更新危机进展情况来稳定民心，更有利于顺利化解危机，相反遮遮掩掩、支支吾吾只能引发公众的疑心，使得事件变得越发复杂。

三、持续阶段应对策略

（一）采用相应策略，抑制态势继续恶化

不同冬奥会危机事件的背后，都有着各自不同的诱因，主要分为外在型诱

因和内在型诱因。冬奥会进程中，常常会发生因场地设施检查不严、裁判员和参赛运动员等个人原因所引发的内在型危机，常见的有赛事组织方自身管理失误、裁判员黑哨、运动员使用兴奋剂等危机事件。作为赛事组织方，对于自身组织过程中的失误，要主动承担责任，勇于承认错误，表达诚恳歉意，并尽一切可能采取有效措施来挽救和弥补对公众造成的损失；同时对参与人员的违规行为，表明严正的立场和态度，做出严肃的惩治处理，杜绝其再度发生，以换取公众的信任。此外，还可能会产生因恐怖袭击、国际政治紧张所引发的外在型危机，此类事件一般早有争端，因此，必须尽快确定处理危机事件的新闻发言人，发出组织的正面声音，提早做好舆论引导工作，以防再起国际争端，确保国际舆论向积极的方向发展。

（二）注重语言艺术，达到双向对等沟通

长期以来，赛事组织方都一直以官方的姿态自居，危机初发时，习惯性采用先隐瞒再否认，实在不行再狡辩的语言策略，常常导致信息呈单向流动，无视了信息的另一端公众的感受。从传播效果来看，否认的语言策略，已不再符合当今社会化的趋势。尤其是危机的持续阶段，必须转变传统的语态方式，采取合适的危机沟通策略，让公众真正参与到危机评判中来，以实现双向对等沟通的目的。

美国学者威廉·班尼特（William Benoit）提出了形象修复理论，他认为声誉是个人或组织最重要的无形资产。因此，组织必须在主动承担责任的基础上，最大限度地去获取公众的信任，以此来维持和修复个人或组织形象。在此基础上，还想出具体的沟通策略，共有五项：一是否认，分为直接否认和转移视线两种；二是规避责任，包括正当回应、无力控制、纯属意外和本意良善这四个子策略；三是减少敌意，通常有强化支持、最小化、区别、转移、攻击责难者、补偿这六种具体方法，目的是缩小危机事件的传播范围和降低影响程度；四是纠正行为，即制定相应的科学策略，改善错误行为，承诺此类事件不再发生，从而调整到积极状态；五是自责，主要内容包括公开道歉、忏悔和寻求公众原谅等。

从以往的经历来看，在危机持续阶段，采取"否认"或"推卸责任"的策略，非但对解决危机不利，还有可能增大危机的负面影响。在这种关键时刻，最好的公关模式就是双向对等沟通，以保证组织与公众合法权益的平衡。作为

赛事组织方，必须抓住危机持续期这个分水岭，积极利用沟通策略，采取平易近人的语态，勤用"自责""减少敌意"的沟通策略，减用或禁用"否认"和"推卸责任"的策略，以实现良好危机公关的效果。

（三）选择专业团队，正面引导公众舆论

在纷杂的媒介环境中，即使危机爆发后赛事组织方及时澄清，仍有一些破坏分子试图利用舆论热点来造谣生事，以达到非正常的目的。为了防备这一现象，赛事组织方需要立即出动一支精干的舆论宣传队伍，在危机的持续阶段，利用先进的信息科技等手段，大量发布正面积极的观点及议题，并设置关键词检索，引发更多公众关注、深思并转变想法，及时扭转不利局势，塑造良好形象，引导社会舆论朝着有利的方向发展。

四、消退阶段应对策略

（一）积极投身公益，重塑国家良好形象

危机事件发生后，赛事组织方要在短期内通过一系列的措施来解决问题，配合媒体发布事实并承认错误，即使短期内为公众所接受，但留在公众心中的负面影响一时间还是无法完全抹去。因此，待一切尘埃落定后，赛事组织方仍需进行长时间的攻坚战，加强与媒体的联系与合作，争取媒体的理解与支持，并积极带领运动员参与社会公益活动，借此传播爱心与正能量，长期下来，在公众心中留下的负面影响将逐渐消退，良好的国家形象又将重新树立。

（二）公布总结报告，重新获取公众信任

在危机事件的消退阶段，它就不再是媒体争相报道的热点，也不再是公众关注的焦点。但是作为冬奥会的举办方和组织者必须清醒、系统地认识危机事件的全过程，以免再次发生此类事件。因此，事后赛事组织方应该建立一个善后工作小组，对本次危机公关工作的预防、展开和控制过程进行一次全面评估，同时撰写一份详细、客观、真实的评估报告，总结相关的经验与教训，找

出自身的缺点与不足，并最终提出改进方案，以提升自身的专业能力，重新赢得公众的信任。

综上所述，良好的冬奥会危机公关有助于国家形象的塑造，必须全面把握危机公关工作这个动态的有机整体，处理好危机潜伏阶段、初发阶段、持续阶段、消退阶段各个阶段的具体事务，采取相应的有效策略，并根据社会公众的具体反馈和发生过程中出现的细节问题，做出适时的调整和补充，从而有利于赛事组织方对危机事件的把控和管理，最终保证危机事件向有利的方向发展。

第九章　北京冬奥会：
建构和传播我国国家形象

在世界百年未有之大变局和新冠疫情叠加的影响下，东京奥运会延期一年举办、全球体育赛事停摆，人类面临着前所未有的多重挑战。2022年北京冬奥会是新冠疫情发生以来首次如期举办的全球综合性体育盛会，体现了中国共产党的领导和我国社会主义制度的显著优势。冬奥会既是体育竞技展示的平台，也是跨文化传播的场域，对内表现为吸引国内受众关注，增强文化自信与民族自豪感。对外表现为传播中国传统文化，塑造大国形象。本章重点论述中国在申办、筹办、举办北京冬奥会期间，如何采取"政府搭台，体育唱戏，全民参与"办赛模式，建构和传播我国国家形象的跨文化传播策略。

第一节　国家形象塑造中冬奥会申办、
筹办、举办理念的变化

长期以来，世界上许多国家尤其是西方发达国家对中国都存有意识形态方面的偏见，世界媒体和公众对中国的了解依然不够。促进世界公众对中国的了解也就成为国家形象塑造的当务之急。

2008年北京夏季奥运会的成功举办，正是起到了这样一个积极的作用，推动了世界各国人民对中国的了解。奥运会开幕后，各国媒体给予了高度评价，英国路透社报道说，北京奥运会开幕式让人眼花缭乱的豪华演出，展示了中国希望全球和谐的愿景，这与北京奥运会"同一个世界，同一个梦想"的主题相一致。韩国联合通讯社在报道中说，开幕式让人们感受到了视觉上的艺术享受，中国的灿烂历史和悠久文明在开幕式上打动了所有的人。2008年北京已向世界成功展示中华悠久文明和古老北京的青春活力，中国以开放自信的胸襟推动东西方文明交流互鉴。

举办北京冬奥会是我国开启实现第二个百年奋斗目标新征程的一项重大标志性活动。申办冬奥会期间，北京冬奥申委提出了"以运动员为中心、可持续发展、节俭办赛"三大申办理念。随着体育赛事筹备工作的深入，国家主席习近平提出的"绿色办奥、共享办奥、开放办奥、廉洁办奥"，成为北京冬奥会筹办期的四大理念。奥运理念是每届奥运会主办城市对奥运会的美好愿景浓缩，反映了中国经济社会的发展变化，是中国治理社会的具体实践，也是中国与世界同进步、共发展、不断相融的结果。

北京冬奥会充分继承和利用了2008年北京夏季奥运会遗产，使北京成为世界上首个"双奥之城"。从2008年北京奥运会的"同一个世界，同一个梦想"到2022年北京冬奥会的"一起向未来"，中国积极参与奥林匹克运动，坚持不懈弘扬奥林匹克精神，是奥林匹克理想的坚定追求者、行动派。在这十几年的时间，中国的变化非常大，经济的全球化使我国政府在国际事务承担更重要的责任，大国形象正在发挥作用。

一、北京冬奥会申办的三大理念

根据奥林匹克运动的宗旨和国际奥委会《奥林匹克2020议程》改革的方向，北京冬奥申委提出"以运动员为中心、可持续发展、节俭办赛"的三大理念，为申办北京冬奥会确定了基调。北京冬奥会以运动员为中心的办赛原则，为冬奥会和冬残奥会运动员、奥林匹克大家庭成员、广大媒体等提供一流的服务；把申办冬奥纳入京津冀协同发展重大国家战略中，使之与经济发展、社会进步和生态建设等紧密结合，促进奥林匹克运动与举办城市良性互动、共赢发展；坚持以科学、严谨、审慎、可行的原则制定了冬奥会预算，以市场为主渠道筹集运行资金，充分利用已有设施，严格控制办赛成本和建设成本，并充分考虑赛后遗产利用。

（一）"以运动员为中心"申办理念

以运动员为中心，突出运动员在大型赛事中的主体地位，体现了"以人为本"的中华传统思想理念。其意义在于肯定了人权、人道主义的普遍性，将运动员作为此次冬奥会一切工作的出发点和落脚点。运动员在奥林匹克运动会中处于核心地位，他们是世界各个国家、各种文化的代表，他们汇聚于北京冬奥会，在追求"更快、更高、更强、更团结"的理念下不断向人类极限发出挑战，向世界输送各种正能量，讲述其奋勇顽强、奋力拼搏的人生故事。

1. 给运动员提供公平竞赛的平台

在奥运会的舞台上，运动员是参与主体，运动员的核心地位理应获得强化与尊重，关注他们的诉求，正是奥林匹克回归本源的一次实践，其中所彰显的人文关怀将成为奥运精神传承的宝贵财富。注重对运动员的保护，使运动员远离兴奋剂，做一名干干净净的运动员。2022年北京冬奥会是一届以运动员为中心的奥运会，它更加突出运动员的核心地位，把方便运动员作为首要标准，在训练、竞赛、住宿、交通、餐饮、医疗、文化交流等各个环节提供全方位、高水平、人性化的服务，促进每个运动员达到最佳竞技状态，奉献精彩比赛，实现个人梦想。以人为本，是现代体育要弘扬的一个重要的价值观念。北京冬奥会为参赛运动员搭建一个安全、完善、专业、公平的竞技舞台，以便他们在舞台上能够充分施展才华，这是国际奥委会和北京奥组委共同的心愿。

2. 为运动员做好服务保障工作

北京冬奥会为运动员提供最好的场馆、设施，在每个细节上都考虑到运动员的感受和体验帮助运动员发挥最佳状态。在场馆规划方面，北京力求在各个赛区打造"生活圈"，最大程度地缩短运动员比赛期间奔波的时间和距离。北京冬奥会三个赛区的场馆布局都非常紧凑，分别建有奥运村，赛区内从奥运村到各竞赛场馆的车程都被控制在15分钟以内，而赛区之间则有高铁、高速公路连接，高效便捷地实现了场馆间的通达，减少运动员比赛之外花费的时间和精力。冬奥村从公寓设施、餐饮服务、运动休闲等方面做了精心安排和设计，同时配以一站式的商业服务满足运动员们的多元需求。

丰富的办赛经验和一流的办赛场馆，传承自2008年北京奥运会，为2022年冬奥会的筹备起到积极作用。2022年冬奥会冰上项目全部在北京赛区举行。除了新建一座速滑馆外，所需的其他11个竞赛和非竞赛场馆全部由2008年北京奥运会的场馆改造而来。2010年温哥华冬奥会花样滑冰冠军、中国花滑协会主席申雪表示，北京冬奥会场馆都是世界一流的，能很好地为运动员服务。

3. 为运动员营造文化交流氛围

运动员在赛场上是竞争对手，赛场外是朋友，这是一种美好的画面。运动员超越自我、团结协作、和平友谊的体育精神，为世界带来更多信心与力量。相比夏季奥运会，我国冬奥会的成绩与世界冰雪运动强国还有很大的差距，对于很多项目我国运动员是首次参赛，要鼓励我国年轻运动员敢于在冬奥会赛场亮相，向优秀运动员学习，淡化对成绩的重视，普及冬奥会项目，营造文化交流氛围。国际奥林匹克委员会也逐渐认识到了让运动员发声的价值，越来越多地将运动员代表纳入决策机构的核心，来发展体育运动，反映出所有合作伙伴都愈发关注在赛场内外对运动员提供支持。

冬奥会志愿者是赛会顺利运行的重要保障，他们的默默付出为运动员营造了温暖的氛围，用实际行动生动地诠释了志愿精神的实质内涵，作为运动员文化、友谊、团结的使者，志愿者与运动员之间的互动成为冬奥最温暖的光和"一起向未来"的重要力量。

（二）"可持续发展"申办理念

在筹办初期，北京冬奥组委践行《奥林匹克2020议程》，高度重视遗产工作，超前谋划赛后传承问题，将可持续理念贯穿全过程。可持续发展是指既能满足当代人的需要，又不对后代人满足其需要的能力构成危害的发展。它包括两个重要概念：需要和限制，需要是世界各国人们的基本需要，应将此放在特别优先的地位来考虑；限制是技术状况和社会组织对环境满足眼前和将来需要的能力施加的限制。

北京冬奥会秉持可持续发展的理念。北京作为中国政治、文化的中心，经过两届奥运会的建设，将举办国际体育赛事，与城市生态环境改善、经济社会发展紧密结合了起来，打造京张冰雪休闲旅游度假区，树立奥林匹克运动与城市良性互动、共赢发展的典范，创造更多宝贵、持久的奥运遗产，让城乡更美丽、人们生活更美好。

1. 冬奥会场馆的可持续利用

北京冬奥会中，三个北京赛区承办所有的冰上赛事。北京夏季奥运会的主体育场鸟巢，再一次成为了2022年冬奥会开闭幕式的主体育场。水立方改造成"冰立方"，作为北京冬奥会冰壶、轮椅冰壶比赛场馆，体现并传播着奥运场馆"反复利用、综合利用、持久利用"的中国方案。

首钢滑雪大跳台是北京赛区唯一的雪上比赛场地，是世界上第一个永久保留的滑雪大跳台场地。北京冬奥会期间，首钢滑雪大跳台"雪飞天"凭借极具中国风的外形和炫酷的工业遗存景观吸引了全世界的目光。雪飞天在设计时就考虑到赛后利用问题，北京冬奥会之后，在冬季可承办国内外大跳台项目体育比赛，可用作专业运动员和运动队训练场地、青少年后备人才选拔基地，直接服务于我国冰雪运动可持续发展；在夏季，大跳台区域可举办小轮车、滑板等极限类比赛。首钢园区配套的餐饮区和购物区通过商业运营向社会开放，吸引国内外游客参观游览，成为"网红打卡地"。

相比北京场馆的建设与改造，申办前我国延庆、崇礼的滑雪场不具备举办国际大型体育赛事的条件，经过北京冬奥会周期雪场建设之后，两个雪上赛区的交通得到改善，滑雪旅游成为北京冬奥会遗产的重要内容，优质的滑雪场地为我国普及大众滑雪与发展滑雪产业提供了高质量的物质保障。

北京冬奥会崇礼赛区国家跳台滑雪中心"雪如意"是中国首座符合国际标准的跳台滑雪场地，承担跳台滑雪和北欧两项的比赛。雪如意在建设时就考虑到赛后场地的可持续利用问题，在后冬奥时期举办世界高水平跳台滑雪比赛和作为专业化训练基地是其作为冬奥遗产的主要应用方向。在非雪季时也可以开展足球、网球、羽毛球等群众性的体育活动和演唱会、音乐节、青少年夏令营等，形成集体育、文化、旅游、休闲、商业活动的体育综合体，打造为四季开放的旅游度假胜地。

2. 京津冀区域协同发展，城市功能的重塑

京津冀协同发展战略中，北京扮演着举足轻重的角色，既有北京人口资源环境矛盾和"大城市病"问题的内在困扰，也有非首都功能疏解给区域发展带来的机遇。北京冬奥会不仅是一项国际重大赛事，也是推进京津冀区域协同发展的重大机遇，要充分发挥北京冬奥会对区域经济的带动作用，把冬奥会筹办工作与城乡一体化建设紧密结合起来，打造具有国际品牌的高端冰雪旅游度假胜地。

北京冬奥会之后，京津冀区域协同发展，将成为继长江三角洲一体化、粤港澳大湾区之后区域战略的又一个典范，新的中国区域经济版图逐渐成型。以北京为核心，建设国际一流、和谐宜居的大都市休闲带，突出北京作为国家的政治中心、文化中心、国际交往中心和科技创新中心的主体地位。通过举办冬奥会，加快北京至延庆、张家口的基础交通设施的建设，在京津冀区域协同发展中、在疏解北京的非首都功能方面起到杠杆作用。

崇礼的云顶滑雪场是2022年北京冬奥会单板滑雪和自由式滑雪两大项比赛场地，依托崇礼独特的自然条件，借助京张高铁2019年开通后带来的交通便利，最大限度吸引社会资本进入滑雪市场，比如近几年崇礼地区建成的太舞滑雪场、万龙滑雪场、云顶滑雪场、富龙滑雪场等已经形成一定规模。太子城是北京冬奥会崇礼滑雪比赛核心区的高铁站，太子城站的开通不仅能够满足冬奥会的赛事需要，而且能拉动崇礼的冰雪产业的发展，使崇礼成为具有国际影响力的滑雪度假小镇，同时为游客感受冰雪文化带来更便捷的出行选择。通过筹办冬奥会，加快推进冰雪特色小镇和美丽乡村建设，是带动北京至崇礼之间的生态环境改善、宜居乡村建设、惠及民生的重大举措，经过高铁沿线的农村景观和冰雪小镇是对外展示中国乡村建设成果的重要窗口，是北京冬奥会可持续发展的重要见证。

习近平总书记在北京城市规划建设和北京冬奥会筹办工作座谈会上指出"冬奥会的各项建设和改造工程都要努力成为精品工程"，北京冬奥会是向世界展示中国经济、社会发展最好的一个平台。城市基础建设和场馆是大型体育赛事之后留给我们的奥运遗产，京张高铁的"复兴号"寓意着中国人对伟大复兴的追求和期盼，京张高铁是世界上首次全线采用智能技术，并且采用中国自主研发的卫星导航系统的高速铁路。冬奥会在中国举办，让全世界看到中国速度、中国品牌，京张高铁引领中国高铁技术，展示了中华民族复兴的决心，再一次强势地证明了我国的经济实力和科技实力，展示了大国的形象。

（三）"节俭办赛"申办理念

降低奥运会运营成本，减轻举办城市的经济压力，这是国际奥委会2020改革的重要内容之一。北京冬奥申委在申办之初就提出"节俭办赛"理念，在"冰丝带"的国家速滑馆建设初期，采用PPP模式，与社会资本联合组建了国家速滑馆公司，国家速滑馆在冬奥会之后将打造"体育赛事、群众健身、文化休闲、展览展示、社会公益"五位一体的运营模式，成为可以举行冰球、短道滑冰、花样滑冰等各种冰上运动项目，满足群众需求的综合性体育场馆。同时，国家速滑馆现已成为国际滑联卓越中心，作为冬奥记忆留存与健康理念传播的载体，留下更多有形资产和无形资产。

北京首钢园区是北京冬奥会的赛区之一。首钢作为传统的制造业基地，在转型升级的过程中，面临传统厂区的功能重塑问题，北京冬奥会向世界诠释了

"节俭办赛"理念。首先,在首钢园区建成的滑雪大跳台,是全球第一座永久跳台,也是冬奥历史上第一座与工业遗产再利用直接结合的竞赛场地。其次,园区成为国家冬奥训练中心,主要是将旧工业厂房改建成为体育场馆,以保障短道速滑、花样滑冰、冰壶和冰球等相关项目国家队的训练需求,充分体现了绿色办奥理念,对旧园区的改造尊重原有工业架构机理和风貌,也考虑了奥运后再利用问题。第三,北京冬奥组委入驻首钢冬奥园区,也保留了首钢作为北京集体记忆的真实写照。

"以运动员为中心、可持续发展、节俭办赛"三大理念是中国履行承诺,对国际奥委会、对全世界负责任的体现。体现了当代中国在经济、社会发展过程中,注重冬奥会与城市的可持续发展,节约资源,实现人与自然、社会和谐发展的理念和追求。这些理念既符合中国的需要,也对当下世界各国经济社会发展具有普遍的借鉴意义。体现了中国既关注自身社会可持续健康发展,也关心世界可持续的发展,展现与世界共同发展的理念,体现出中国开放、包容、负责任的大国形象。

二、筹办北京冬奥会的四大理念

"绿色、共享、开放、廉洁"的办奥理念,贯穿于北京冬奥会从筹办到举办的全过程。理念是行动的先导,是冬奥会筹办、举办过程中具体实践的指导思想。2016年3月,习近平总书记在听取筹办工作情况汇报时强调:"要增强使命感、责任感,认真落实创新、协调、绿色、开放、共享的发展理念,坚持绿色办奥、共享办奥、开放办奥、廉洁办奥,高标准、高质量完成各项筹办任务,把北京冬奥会、冬残奥会办成一届精彩、非凡、卓越的奥运盛会,向祖国人民、向国际社会交上一份满意答卷。""坚持绿色办奥、共享办奥、开放办奥、廉洁办奥"的新理念是将申办理念进一步整合升级,凸显了为我所用的思想,争取在办好奥运的同时,进一步发展我国的竞技体育、人民健康、社会经济等领域。

(一)对"绿色奥运"的坚持

申办2008年北京夏季奥运会时,我国第一次提出"绿色奥运"理念,经过十几年的发展,生态文明建设初见成效。"坚持绿色办奥"是指提升全社会的环保意识,加强环境治理和污染防控,把绿色发展贯穿筹办、举办工作的始终，如北京奥运会点火仪式的微光传递出低碳环保的绿色奥运理念，北京冬奥会使用的赛事交通服务用车最大限度使用清洁能源，以建设低碳交通体系。"冰丝带"是世界上第一座采用二氧化碳跨临界直冷制冰系统的冬奥速滑场馆，场馆建设与制冰技术实现低碳化、零排放，突出科技、智慧、绿色、节俭特色，使绿色冬奥与城市的生态文明建设完美结合起来。

（二）"坚持共享办奥"筹办理念

2022年4月8日，习近平总书记在北京冬奥会、冬残奥会总结表彰大会上说："我们坚持冬奥成果人民共享，通过推广普及冰雪运动带动全民健身走向纵深，通过产业发展助力脱贫攻坚，通过提升公共服务水平改善人民生活品质，让人民身心更健康、就业更充分、生活更美好，实现共同参与、共同尽力、共同享有。""坚持共享办奥"是在积极调动社会力量参与办奥，提高城市管理水平和社会文明程度，加快大众冰雪运动发展和普及，使广大人民群众受益。国家体育总局委托国家统计局开展的《"带动三亿人参与冰雪运动"统计调查报告》显示，全国参与冰雪运动的人数为3.46亿，冰雪运动参与率超过24.56%，实现了"带动三亿人参与冰雪运动"的总体目标，兑现了中国申冬奥时提出的"带动三亿人参与冰雪运动"的庄严承诺，这是全民参与共享北京冬奥会最大的遗产成果。

共享办奥是可持续发展理念的延续，赛事筹办与地区发展互利共赢就是这一理念的生动体现。崇礼借助北京冬奥会，从一座籍籍无名的塞外小城成为闻名遐迩的"冬奥小城"。张家口、崇礼两地基础性公共设施加速布局，公共服务水平整体提升，实现了公共服务共建共享，冬奥场馆为推动冰雪运动与全民健身相结合提供了良好的平台。

（三）"坚持开放办奥"筹办理念

"坚持开放办奥"则是借鉴北京奥运会和其他国家办赛经验，弘扬奥林匹克精神，加强中外体育交流，推动东西文明交融，展示中国良好形象，进一步弘扬自2008年北京奥运会以来所秉持的"打开门来办奥运"的方针。以开放促合作、以开放促团结的北京冬奥会将主题口号设定为"一起向未来"，就是要呼吁世界各国人民携起手来迎接挑战，发扬奥林匹克精神，以冰雪体育赛事为桥梁，加强各国的团结合作，积极推动构建人类命运共同体。在文化展示方面，我们要秉持相互尊重、平等对待的原则，充满自信地向世界阐释中华文化的独特魅力与优良特质。与此同时应以尊重文化多样性为前提，最终价值指向构建求同存异、包容发展的人类文明新样态。北京冬奥盛会，既有着丰富的中国文化元素、鲜明的中国印记，更有着东西方文化交汇融合的文化创新。

体育是全球通用的语言，开放是奥林匹克运动的基因。赛场上，运动员们勇往直前、努力拼搏；赛场外，一群经验丰富、热情开放的外籍教练诠释了"更团结"的奥林匹克格言精神，也向世界传递出中国"开放办奥"的理念。在北京冬奥会周期，为了跨越式提升我国冰雪竞技水平，我国引进了国际优秀教练员团队，在78名教练员中，聘请了51名外籍教练，分别来自美国、加拿大、俄罗斯、法国、日本等19个国家或地区，刷新了中国冬季项目外籍教练人数的纪录。如参加过六届冬奥会获得8枚金牌的挪威人比约达伦担任我国冬季两项国家队主教练，苏翊鸣的日本籍教练佐藤康弘，被称为"日本单板滑雪教父"，这些优秀的教练员为我国运动员获得优异成绩付出艰辛努力，使我国冰雪竞技水平在短时间内达到一个质的飞跃。

（四）"坚持廉洁办奥"筹办理念

节俭办赛、廉洁办奥的理念贯穿北京冬奥会申办、筹办、举办的全过程。"坚持廉洁办奥"则是严格预算管理，控制办奥成本，强化过程监督，让冬奥会像冰雪一样纯洁，公开透明公正一直是北京冬奥组委会所坚持的基本原则。理念是行动的指导方针，洞察理念变迁的内涵对我们进一步的行动至关重要。秉承"节俭办奥"理念，实现了从"水立方"切换"冰立方"的场馆再利用，首钢滑雪大跳台被建设成为冬奥历史上第一座与工业遗产再利用直接结合的竞赛场地。北京冬奥村由老旧厂房建筑翻新、改造而成，比赛之后冬奥村作为北京市人才公租房使用，面向符合首都城市战略定位的人才而且所有家具也均进行租赁。因此廉洁办奥为举办一届精彩、非凡、卓越的奥运盛会夯实了基础，向社会公众和国际社会展现了廉洁高效、负责透明、自信开放的大国形象。

三、北京举办冬奥会的文化传承与全球传播

在新冠疫情大流行、国际局势复杂多变，以及国内经济下行压力等多方面

的困难和挑战下，中国如期举办了冬奥会，充分反映了中国积极推进人类命运共同体建设的战略定位和向世界做出的庄严承诺。在北京冬奥会、冬残奥会总结表彰大会上，习近平总书记深刻指出："北京冬奥会、冬残奥会广大参与者珍惜伟大时代赋予的机遇，在冬奥申办、筹办、举办的过程中，共同创造了胸怀大局、自信开放、迎难而上、追求卓越、共创未来的北京冬奥精神。"北京冬奥会的成功举办、北京冬奥精神的广泛传播是中国特色的战略传播体系的重要实践。

（一）北京冬奥会的主题口号"一起向未来"

"一起向未来"与2008年北京夏季奥运会的主题口号"同一个世界，同一个梦想"既一脉相承，同时又体现出当前的时代特征，是北京作为"双奥之城"给奥林匹克精神和理念留下的又一中国印迹。

身处百年未有之大变局和全球应对新冠疫情的背景下，"一起向未来"是态度、是倡议、更是行动方案，倡导追求团结、和平、进步、包容的共同目标，是中国对达成更快、更高、更强、更团结价值共识的宣扬，表达了世界需要携手走向美好未来的共同愿景。既与我国提出的"人类命运共同体""一带一路"等倡议一脉相承，又是其在体育领域的话语延伸。北京冬奥会、冬残奥会奏响和平、团结、进步的时代强音，表达出我国与国际社会一起创造美好未来的现实期盼。

（二）北京冬奥精神的内涵解读

1. 胸怀大局

胸怀大局，就是心系祖国、志存高远，把筹办举办北京冬奥会、冬残奥会作为"国之大者"，以为国争光为己任，以为国建功为光荣，勇于承担使命责任，为了祖国和人民团结一心，奋力拼搏。运动员、教练员以国家利益为重，牢记党和人民嘱托，刻苦训练，在冬奥赛场上敢打敢拼、超越自我，以优异的成绩完成各项比赛任务。未满18周岁的苏翊鸣获得了单板滑雪的金牌，他感慨："能在自己18岁的生日前拿到这样的成绩，真的是想要去感谢我的祖国，感谢我的父母，感谢所有支持我的人。"北京冬奥会举办期间，中国运动员在赛场上斗志昂扬、精神振奋，频频提及的话语就是"感谢祖国""为国争光"。

2. 自信开放

自信开放，就是雍容大度、开放包容，坚持中国特色社会主义道路自信、理论自信、制度自信、文化自信，以创造性转化、创新性发展传递深厚文化底蕴，以大道至简彰显悠久文明理念，以热情好客展现中国人民的真诚友善，以文明交流促进世界各国人民相互理解和友谊。在冬奥赛场上，不同国家和地区、不同肤色、不同文化背景的运动员与憨态可掬的"冰墩墩"合影互动，文化交流随处可见。北京冬奥会是中华民族面向世界的又一次文化展示，中国以坚定的文化自信，同世界各国"一起向未来"。

3. 迎难而上

迎难而上，就是苦干实干、坚韧不拔，保持知重负重、直面挑战的昂扬斗志，百折不挠克服困难、战胜风险，为了胜利勇往直前。北京冬奥会、冬残奥会成功举办的时间节点，正在"两个一百年"奋斗目标的历史交汇点上。在世界百年未有之大变局叠加新冠疫情背景下举办冬奥会、冬残奥会，面临的风险挑战前所未有。无论是国家速滑馆首次采用碳排放趋近于零的制冰技术、国家游泳中心成为全球首个完成"水冰转换"的场馆，还是京张高铁达成从开建到通车仅用时三年多的"中国速度"，大家齐心协力，迎难而上，圆满完成了冬奥会向世界的承诺。

4. 追求卓越

追求卓越，就是执着专注、一丝不苟，坚持最高标准、最严要求，精心规划设计，精心雕琢打磨，精心磨合演练，不断突破和创造奇迹。北京冬奥精神是所有冬奥建设者、工作者、参与者，追求卓越、拼搏奋斗中所体现出来的精神。如参加北京冬奥会自由式滑雪空中技巧比赛的徐梦桃、贾宗洋和齐广璞，他们是参加了4届冬奥会的元老级运动员，他们在无数个日夜里成千上万次的跳跃，认真打磨技术动作，最终取得了两金一银的出色成绩，诠释奥林匹克精神，真正做到了自强不息、战胜自我、超越自我。

5. 共创未来

共创未来，就是协同联动、紧密携手，坚持"一起向未来"和"更团结"相互呼应，面向中国发展未来，面向人类发展未来，向世界发出携手构建人类命运共同体的热情呼唤。中国始终弘扬奥林匹克精神，践行"更快、更高、更强、更团结"的奥林匹克格言，致力于促进人类文明的进步与发展。

第二节　国家形象塑造中政府的政策导向

一、树立良好的政府形象

公共政策是公共权力机关经由政治过程所选择和制定的为解决公共问题、达成公共目标、实现公共利益的方案。公共政策的颁布推动了我国冰雪运动的跨越式发展。我国冬季运动的官方机构是国家体育总局冬季运动管理中心，负责国家的体育方针政策，组织、指导全国冬季运动项目的发展，推动项目的普及与提高。为了备战北京冬奥会，冬季运动管理中心运用各种方法，提高竞技体育水平，并根据项目的特点实施开展群众体育活动和经营活动。

2015年12月15日，北京2022年冬奥会和冬残奥会组织委员会正式成立，北京奥组委作为临时机构，负责组织、协调冬奥会和冬残奥会全部筹备和举办工作。组织委员会为独立事业法人，是承办北京冬奥会和冬残奥会的组织机构。北京2022年冬奥会和冬残奥会执行委员会是组织委员会的执行机构。

国家政府组织是主要的信息发出者。2022年北京冬奥会，中国既是参赛国家，又是赛事的举办国家，作为东道主，国家往往需要借助国际传播媒介展现本国文化，并将其观点及重大外交信息向全世界报道，国家官方国际传播机构发出的信息，大多是有目的的宣传。

奥运会的成本与效益问题，长期以来一直是民众讨论的焦点，政府形象之所以会演变成舆论关注的核心，是因为服务型政府的职能关系到社会的安危和民众的政治、经济、文化等方面的生活质量。一直以来体育主管部门的理念是塑造民众心中的本国形象，尤其北京冬奥会这种具有标志性的重大事件，是展现国家形象、促进国家发展、振奋民族精神的一次重要契机，也是体育强国建设的重要节点。自2015年北京冬奥会申办成功以来，滑冰、滑雪等项目从作为小众运动到逐步迈入大众消费视野，使得冰雪产业受到前所未有的关注。国家出台了一系列的政策使中国的冰雪运动进入了快车道，习近平总书记多次视察冬奥会场馆建设，发表一系列重要讲话，如"要通过举办北京冬奥会、冬残奥会，把我国冰雪运动特别是雪上运动搞上去，在3亿人中更好推广冰雪运动，推动建设体育强国"。

二、冰雪运动政策的颁布

冰雪运动政策的制定属于国家的顶层设计,体现我国体育改革的总体思路。从2008年北京夏季奥运会之后,我国政府加大了对群众体育的投入,并从体育系统的外部制定出相应的政策,目的是引导体育系统功能与结构调整的重点与方向,以提高工作效率。

2015年7月31日,我国成功申办北京冬奥会之后,国家体育总局围绕着"带动三亿人参与冰雪运动"愿景,出台了一系列旨在提高我国冰雪运动的政策。通过三个阶段推动冰雪运动的开展,一是从竞技体育层面,备战北京冬奥会,争取全面参赛,让更多人了解冰雪运动。二是从体育教育层面,推动冰雪运动的普及,以补缺项、强弱项,逐步解决竞技体育强、群众体育弱和"夏强冬弱""冰强雪弱"的问题,推动我国冰雪运动高质量快速发展。

(一)第一阶段:冰雪政策规划阶段(2015年7月—2017年12月)

北京冬奥会申办成功之后,举国欢庆的同时,根据申办时的承诺,制定出台符合当前实际、适应发展需要,具有战略性、前瞻性、操作性的政策文件尤为紧迫和必要。国家体育总局与国家发展和改革委员会、教育部等部门联合印发了专门针对冰雪运动发展的《冰雪运动发展规划(2016—2025年)》和《全国冰雪场地设施建设规划(2016—2022年)》两个文件,以保障冰雪运动的实施与开展,对我国冰雪运动的发展有着极强的指导和引领作用。

《全国冰雪场地设施建设规划(2016—2022年)》政策颁布的目标是加快我国冰雪场地设施建设,推动冰雪运动的普及和提高,促进冰雪运动产业发展,实现"三亿人参与冰雪运动"。我国冰雪运动基础设施薄弱,群众基础差,利用北京冬奥会这一契机,在其筹备期间通过发布政策规划引导冰雪运动发展,形成公共资源的合理配置,加大冰雪场地设施的建设,为冰雪运动可持续发展打下牢固的基础。

《冰雪运动发展规划(2016—2025年)》是国家层面首次专门针对冰雪运动出台的政策,对冰雪运动未来10年发展的总体布局。规划内容包括发展基础、总体要求、主要任务,保障措施四部分。以冬奥会为契机,开启了大众冰雪和冰雪产业的同步发展规划，规划设计以青少年为主体，预计到2025年，直接参加冰雪运动的人数超过5000万，并带动3亿人参与冰雪运动。总体要求是基于全民普及、市场主导、因地制宜和融合发展的原则，全力引导大众参与冰雪运动，争取达到冰雪运动群众基础更加坚实，冰雪运动竞技水平全面提升和冰雪运动产业体系初步形成三大目标。

四部门联合发布《冰雪运动发展规划（2016—2025年）》的主要任务中首先提出了校园冰雪计划、冰雪产业促进工程、冰雪场地设施建设工程等重要抓手，使得各级政府和相关部门在推动冰雪运动中目标更加清晰直接，可操作性增强。其次，强调了市场的作用，指出要充分调动社会力量参与到冰雪产业及其建设中，为冰雪产业描绘了巨大的发展空间。

两个规划的颁布，充分发挥政府引导作用，动员全社会共同参与，实现"三亿人参与冰雪"的目标，为北京2022年冬奥会的成功举办，营造良好的氛围，打下坚实的基础。

（二）第二阶段：冰雪政策实施阶段（2018年1月—2021年12月）

这一阶段是冰雪政策实施的重要阶段，为了提高冰雪运动竞技水平，主要围绕着北京冬奥会参赛事宜，制定了两个纲要和三个保障计划，《2022年北京冬奥会参赛实施纲要》重点介绍了"2018扩面、2019固点、2020精兵、2021冲刺"的参赛工作方略，明确提出了"全面参赛、全面突破、全面带动"的目标，要在北京冬奥会上实现运动成绩和精神文明双丰收。并据此制定了《2022年北京冬奥会参赛服务保障工作计划》《2022年北京冬奥会参赛科技保障工作计划》《2022年北京冬奥会参赛反兴奋剂工作计划》。

在普及冰雪运动方面，2018年9月5日，国家体育总局在颁布实施的《"带动三亿人参与冰雪运动"实施纲要（2018—2022年）》中提出，要大力推广普及群众性冰雪运动，助力建设"健康中国"，奋力实现"带动三亿人参与冰雪运动"目标。建立工作机制，以增强人民体质、提高人民健康水平为出发点和落脚点，深入推动冰雪运动"南展西扩东进"战略，大力推广普及群众性冰雪运动，为举办一届"精彩、非凡、卓越"的奥运盛会增光添彩。

2019年4月，中共中央办公厅、国务院办公厅印发了《关于以2022年北京冬奥会为契机大力发展冰雪运动的意见》中强调要大力普及群众性冰雪运动，广泛开展青少年冰雪运动，加快发展冰雪产业。2019年6月，教育部联合国家体育总局、发展改革委、财政部印发了《关于加快推进全国青少年冰雪运动进校园的指导意见》，旨在调动各方大力发展冰雪运动的积极性，提高校园冰雪运动普及水平，丰富体育教学活动内容，培养积极健康的生活方式，切实让广大青少年在体育锻炼中"享受乐趣、增强体质、健全人格、锤炼意志"。

这一阶段的冰雪政策更加具有操作性，针对性，也更加重视青少年冰雪运动能力的培养、冰雪产业的发展和冰雪文化的推广。在此阶段，"冰雪运动进校园"落到实处，到2021年底，全国学校冰雪运动竞赛已经举办三届，全国各地学生冰雪赛事日益丰富。与此同时，全国冰雪休闲旅游人数从2016—2017冰雪季的1.7亿人次增加到2020—2021冰雪季的2.54亿人次。一系列冰雪政策的落地实施必将引领我国冰雪运动向世界更高水平迈进，不断加快冰雪运动强国建设进程。

（三）第三阶段：冰雪政策验证阶段（2022年1月—2025年12月）

2022年北京冬奥会之后，冰雪政策的辐射作用将发挥到极致，冬奥会的文化遗产的可持续发展将成为众人关注的焦点。北京冬奥会的文化遗产包括体育遗产、社会遗产、环境遗产、城市遗产、经济遗产等。体育遗产涵盖冬季项目的场馆设施、大众冰雪运动的普及、冰雪项目的竞技能力、体育专业人才的培养等方面；社会遗产包括中国特色的奥林匹克教育模式、志愿服务精神、冰雪文化自信的重建；环境遗产包括能源结构的调整、环保意识的提升；城市遗产有京津冀交通一体化、张家口城市品牌建设；而经济遗产包括京张体育文化旅游带发展、冰雪产业的繁荣、京津冀地区产业结构的调整、大量就业岗位的新增等。

冬奥会遗产从体育领域延伸到与民生相关的旅游、健康等领域，让更多的人分享冬奥会的红利、推动体育惠民，从而满足京津冀民众的物质与精神需求。新时代，北京冬奥会还必须重新思考自己的发展战略和推广模式，不仅要在国内推动冰雪体育产业的发展，还要在跨国、跨种族竞争中脱颖而出，力争成为世界顶尖的奥运文化品牌。

第三节　运用视觉文化传播，彰显中国文化自信

在2008年北京夏季奥运会开幕式的文艺演出中，画卷、文字、戏曲、丝路、礼乐五大主题，凝聚了中国人民的智慧和文化特征，受到了世界媒体和受

众的瞩目，宏大、壮观的视觉盛宴至今还历历在目。"一起向未来"是2022北京冬奥会的口号，也是贯穿整场开幕式的主题。以冰雪文化为主体，加入中国元素，上演一场未来科技与古老文化的跨时空交流。北京冬奥会开幕式将中华文化进行世界化表达，展现了东方美学。本节以平昌冬奥会的"北京八分钟"和北京冬奥会开闭幕式为案例，分析展演活动的视觉文化符号所传递的意义，了解其建构国家形象的策略，为奥林匹克文化传播提供中国方案和中国智慧，彰显中国文化自信。

一、以平昌冬奥会"北京八分钟"为例

2018年平昌冬奥会闭幕式上，由张艺谋导演，主题为"2022，相约北京"的8分钟文艺表演是北京冬奥会的预热，唤起全球观众对2022北京冬奥会的期待，也预示着冬奥会进入了北京周期。

（一）"北京八分钟"核心要素

1. 运用高科技手段

文艺表演中象征第24届北京冬奥会的24名北京体育大学的轮滑少年和24个带透明发光屏幕的智能机器人来到舞台中央，22名轮滑少年身着LED串灯服饰，另外2名饰演"熊猫队长"。借助高科技实现的影像变幻，轮滑少年在舞台留下了滑行轨迹，透明屏幕（冰屏）搭配可以"跳出"华丽舞步的移动机器人，给人们带来了一场融合科技与文化的视听盛宴。冰屏智能机器人、5G、高科技影像变幻，这些高科技手段的展示，诠释了中国"后奥运时代"十年的发展成就。中国各行各业发生了巨大变化，向全世界展现了新时代中国的形象。

2. 体现冰雪主题，契合奥林匹克精神

24名轮滑运动员，突出冰雪体育元素，模仿冰球、滑雪、冰壶等冬奥会项目，演员们挥动冰球杆击打在舞台上投影出来的冰球穿越透明冰屏，溅起无数冰花，展现运动员在赛场上拼搏的精神。象征奥林匹克运动的五环标志又一次来到中国，这是一次东西方文化融合的体现，在文化交融互动下，呈现了地球村、笑脸、橄榄枝、梅花和五环等要素，体现出中国推动构建人类命运共同

体，推动世界和平，共建更加美好世界的愿景。

3. 既突出中国传统文化，又展现新时代成果

轮滑滑行的轨迹编织出一幅巨大的中国结，2022年北京冬奥会举办期间，正值中国春节，在春节期间编织中国结，是中国的传统习俗，象征着团结、友爱和吉祥。此外，"冰屏"用影像讲述中国故事，世界文化遗产长城、中国高铁、中国城市、中国国家大剧院、国家体育场"鸟巢"，这些具有中国特色的标志性元素纷纷出现在"冰屏"上，向世界展现新时代中国的发展成果。

（二）"北京八分钟"视觉文化传播的展示意义

1. 视觉符号展示中国新时代形象

视觉符号所具备的直观、形象、再现等特性，使媒体更倾向于通过视觉符号的选择和组合隐喻表达表演的主旨。"北京八分钟"主旨一是向全世界发出邀请，邀请每个人来参与和关注北京冬奥会；二是向全世界展现新时代中国的形象。

新时代中国的形象以各种视觉符号传向世界，这些具有中国特色的视觉符号已成为中国形象的代名词，冲破了语言和文字的隔阂，使不同国家、不同地区的受众，可以自由地进行情感交流，增进彼此间的了解。大众传媒运用高科技手段，使视觉传播所提供的影像具有很强的视觉冲击力，成为国家形象的宣传的一把利器。

2. "北京八分钟"的文化吸引力有助于提升国家软实力

视觉传播是向世人展示文化信息的良好途径，给人最强烈和最直观的视觉震撼效果。文化吸引力有两个来源：一是该国与其他国家在文化上的同质性或差异性；二是该国文化的国际影响力，即这种文化在国际上的传播广度。"北京八分钟"的文化吸引力正是源于东西方文化的差异性，吸引外国媒体与受众的好奇心，通过直观的视觉表象增强文化吸引力，有助于提升国家的文化软实力。抓住冬奥会每一个能展示文化的传播窗口，利用现代科技和艺术结合，呈现一个富有新意的文化展演。

当前，我国推动文化走出去的过程以及方式未能准确捕捉市场需求点，在

与国际接轨、融合方面还存在诸多屏障。尤其是奥运会这样的跨文化传播，要在文化自信和有适宜的媒介手段的基础上，利用好视觉传播这样直观感受强烈的传播途径，结合现代传播技术，从而达到传播的最佳目的。因此，要利用好此次视觉传播的绝佳机会，展示最有创意、内容设计巧妙、最能引起观众情感认同的艺术盛宴，依靠成功的国际传播来塑造良好的国家形象，而不是一味地去呈现所有的特色元素，一味地用高科技影像技术迎合市场需要。

二、北京冬奥会开闭幕式视觉文化传播

"简约、安全、精彩"是中国就北京冬奥会向世界作出的承诺。北京冬奥会开幕式全程接近2小时，参与人员约3000人，而2008年北京夏季奥运会时参与人员达1.5万人，此外本次冬奥会大部分场馆均为现有场馆改造而来，这些都体现了简约的理念。至于"安全"，北京冬奥会是新冠疫情后首个如期举行的国际赛事，而疫情防控是北京冬奥会成功的关键，要保障所有办赛、参赛、观赛人员的安全，确保赛事安全有序进行，组委会做了大量细致工作，如严格执行防疫手册规定，落实落细分区分类闭环管理各项措施，统筹抓好冬奥会和主办城市疫情防控等措施，使北京冬奥会成为防疫的典范。精彩的赛事则是在简约、安全的基础上奉献给全世界观众的视觉文化作品。

奥运会的开幕式、闭幕式和颁奖仪式是奥林匹克庆典活动中受关注度高的环节，目的是为激烈的赛事增添活动气氛，是奥运会所有活动中最引人注目的场域之一，既要反映出以和平、团结、友谊为宗旨的奥林匹克精神，也要展现出举办国的民族文化，是各届组委会给全世界媒体和电视观众留下良好印象的场域。

（一）冰雪文化与中华文化元素的交融

冬奥会是以冰雪为主题的国际赛事，按照惯例，开幕仪式首先要展现冬奥会的冰雪特色，北京冬奥会开幕式以一朵"雪花"贯穿整场，将"雪花"以一种独特的视觉符号展示给世人，经过数字媒体技术的筛选、加工，再呈现给观众，这种媒介形象易于跨文化传播，从而塑造举办国良好的形象。而北京冬奥会开幕式当天，恰逢中国二十四节气中的立春，寓意冬去春来、自然万物萌动的伊始，反映了中国传统文化中人与自然和谐共生的理念，而用二十四节气从

最后一节气开始来倒计时，体现中国人对时间的理解，也寓意着各国朋友共同迎接一个新的春天，向世界传达战胜疫情的希望，以及一起向未来的理念。

贯穿整个开幕式的一朵"雪花"在闭幕式上继续延展，被誉为"人类共同的雪花"，是人类命运共同体理念的完美展示。孩子们用绚烂喜人的雪花花灯与"大雪花"互动，以正月十五元宵节前后传统的习俗"闹花灯"，点亮场地上的"冬"字会徽。由数字AR技术生成的象征吉祥团结的巨大红色"中国结"在来自世界各地的运动员入场时"悬浮"于天地之间。这充满中国传统喜庆寓意的"装饰"既表达中国与世界的连接，也寄托着"更团结"的奥林匹克精神。中国不断向世界各国展现历史悠久的传统文化，让世界看到举办国的文化自信，体现了中华文化和冰雪元素交相辉映，体现了自然之美、人文之美、运动之美，诠释了新时代中国可信、可爱、可敬的形象。

北京冬奥会开闭幕式利用中华优秀传统文化元素、科技元素，以及艺术创意，优化每一个细节，将中国物质形象与精神形象进行高度浓缩，有利于在提升国家体育文化软实力方面形成高度的文化自觉与文化自信，增强国民的文化认同和民族意识，凝聚民族力量，培养国民的民族荣誉感和历史使命感，也向世界展示了中国的大国形象。

（二）跨文化传播视角下中国国家形象的塑造

北京冬奥会充分发挥媒体传播力，以"数字科技"为中心，向世界全方位展示了具有独特美与韵味的中国传统文化以及中国与时俱进的科技创新成果，以低碳环保、运动健康理念，塑造了文化与科技融合发展的中国新形象。

1. 中国国家形象的符号化呈现

北京冬奥会开幕式借助广播、电视、网络等媒介所搭建的仪式空间，多元象征符号所创造的共通意义空间，在国家形象层面获得了积极的情感共鸣和认知共识。北京冬奥会的吉祥物"冰墩墩"以憨态可掬、呆萌灵动的国宝熊猫的形象俘获了无数人的心，并成为了北京冬奥会最受欢迎的吉祥物。熊猫作为中国的特有文化符号，具有鲜明的中国文化特色，承载着中华文化的强大感召力和吸引力，是中华文化与奥运文化、冰雪元素完美融合，它们传递着主办城市的历史文化和人文特色，活跃了奥运会赛场气氛，大受国内外观众的追捧。

"冰墩墩"不仅带来巨大的商业价值，它更成了一张中国名片，将中国独有的文化与审美成功传播至全球。

2. 中国国家形象的仪式化表达

奥运会的开幕式、领奖仪式中设计了升国旗、奏国歌等环节，将爱国主义与国际主义有机结合起来。中国运动员在以祖国荣誉高于一切的精神引领下的优异表现，让国旗一次次升起、国歌一次次奏响，极大地激发了中华民族的自豪感和荣誉感，增强了民族自信心与凝聚力，这在价值多元化的今天，弥足珍贵。北京冬奥会开幕式短片《未来的冠军》当中萌娃滑雪的视频就是对"3亿人参与冰雪运动"的生动诠释，他们是中国冰雪运动的未来之星，用润物细无声的艺术展演感染每一位观众，通过视觉奇观引发观众产生共鸣与共情，打造全世界人民的集体记忆。符合"一起向未来"的主题，让世界观众看到了中国人的文化自信。

3. 中国国家形象的艺术化表达

在开幕式的鸟巢平铺世界上最大的地屏，使用的裸眼3D技术，将三维影像投射到表演区域，实现观众在主要观看位置的沉浸式体验。结合LED的发光特性与裸眼3D的透视效果，实现了逼真的冰雪场景。黄河之水从天而降，以水墨呈现山水意象和运动形象，不仅实现冰雪场景与水墨语言的呼应，形成独特的视觉风格，而且实现中国传统水墨的艺术与冬奥精神的呼应，以水墨这一蕴含中国人看世界的方式的意象诠释和表达了中国文化和中国艺术精神。

4. 中国国家形象的科技化赋能

北京冬奥会开幕式全程都使用了数字表演与仿真技术，运用人工智能、5G、AR、裸眼3D等多种科技成果，实现了"人少而不空，空灵而浪漫"的效果。全部参赛代表团引导牌组成了巨大的雪花台，主火炬的一束"微火"将中国低碳环保的理念传达给了全世界。视效团队用科技的力量和创新的观念，通过更加与时俱进的、多维度的表达方式，将足够优秀的中国文化内核展现给世界人民。高清视频技术提升了北京冬奥会的观赛体验，也展示了中国目前飞速发展的科技实力。以VR、AR为代表的虚拟现实技术和增强现实技术使开幕式现场使受众最大程度地享受临场感，拓展了视觉广度，实现了奥运会的全球传播。

第四节　利用大众传播媒介，讲好中国故事

国家形象是通过大众传媒呈现的，其塑造主要有两种形式：一种是作为传播主体的自我形象塑造，另一种是作为传播客体的他者形象塑造。讲好中国故事，传播好中国声音，是国家形象自塑与他塑的关键所在。

党的十九大报告明确指出："文化是一个国家、一个民族的灵魂。文化兴国运兴，文化强民族强。没有高度的文化自信，没有文化的繁荣兴盛，就没有中华民族伟大复兴。"2022年4月8日，习近平总书记在北京冬奥会、冬残奥会总结表彰大会上指出："要充分挖掘利用北京冬奥文化资源，坚定文化自信，更加自信从容传播中国声音、讲好中国故事。"

讲好中国故事，不单是政府行为、国家行为，还要着力发挥媒体、企业、非政府组织和公民个人等多元主体的对外沟通作用。利用媒体效应助力2022年冬奥会，完成"带动三亿人参与冰雪运动"战略目标，拉近观众与冰雪运动之间的距离，为大众精神生活提供不可或缺的能量，普及冬季体育项目，推动冰雪体育产业的高质量发展，从而讲好中国故事，弘扬冬奥文化。

一、推广冰雪大众文化，讲好中国故事

（一）"带动三亿人参与冰雪"目标实现

"带动三亿人参与冰雪"是北京申办2022年冬奥会时，中国向国际社会作出的郑重承诺。《"带动三亿人参与冰雪运动"实施纲要（2018—2022年）》提出，目的是大力推广普及群众性冰雪运动，通过高水平冰雪竞技的观感享受、优秀运动员的魅力展示，激发越来越多的群众特别是青少年参与冰雪运动的积极性和热情，充分享受其带来的健康和欢乐。

以北京冬奥会为契机，青少年冰雪运动越来越受到重视，目前全国冰雪运动参与人数超过3.46亿人，三亿人参与冰雪运动，不仅实现了冰雪运动参与群体数量的提升，而且有助于增强青少年体质键。通过北京申办、筹办、举办冬

奥会三个阶段，能够提高我国民众对冰雪运动的认知，普及冬奥会奥林匹克教育，塑造全民参与的冬奥会。

（二）利用电视节目，讲好中国故事

综艺节目《大冰小将》、网络剧《冰球少年》和纪录片《山里娃冰球队》，都是以青少年参与冰雪运动为主题的电视节目。《山里娃冰球队》纪录片通过讲述延庆大山深处的一所小学因地制宜利用地理优势，引进专业教师，解决资金难题，努力为山区孩子开展冰球运动创造条件的故事，从大众与人文视角透视冰雪运动的亲民性与便民性，展现出人们对冰雪运动的喜爱和对美好生活的向往。

《大冰小将》是国家体育局冬季运动管理中心为了宣传2022年北京冬奥会，推出的国内首档冰球竞技综艺的少儿燃动冰球成长节目。该节目是冰雪体育赛事类真人秀，按照正规冰球竞技规则开展，由两位当红明星易烊千玺和雷佳音分别作为经理人和领队，带领来自五湖四海的14位冰球小将，进行训练、比赛和日常生活，经过60天的相处，冰球小将们驰骋冰场，从刚开始0∶9的比分惨败飞熊红队到节目最后一期以9∶3的比分击败国外强队，从奉行个人英雄主义到团队完美配合，展现他们在冰雪竞技中的成长。

《冰球少年》凭借其积极励志的故事内核、活力四射的青春风范、热血激燃的冰雪竞技，以及顽强拼搏的体育精神，不仅成为冬奥期间备受关注的影视作品之一，更被国家广播电视总局评为了2021年网络视听节目精品创作传播工程优秀网络视听作品。在普及冰雪项目知识的同时，也在号召越来越多的年轻人接触并尝试冰雪项目，从而进一步推动中国冰雪事业发展，圆体育强国之梦。

作为时下最受欢迎的文化载体，综艺节目、电视剧等也已成为普及冰雪项目的全新方式。冬季运动管理中心在北京冬奥周期与各类媒体合作，打造了一系列综艺娱乐节目，借此"吸引眼球"。习近平总书记指出："要通过奥林匹克运动和文化传播，讲述中国体育故事、弘扬中华体育精神，加强国际体育交流合作，推动我国同世界各国文明互鉴、民心相通。"通过大众传播媒介讲好中国故事，是普及冰雪运动文化的最佳方式，既普及了冰雪运动知识，又传播冬奥精神，让更多观众和企业关注冰雪运动。

（三）推动我国冰球运动普及，讲好中国故事

1. 提升青少年的参与度，推动冰球运动进校园

在国家层面上，随着教育部对青少年冰雪运动的高度重视以及各地具体措施的落地实施，在冬季进行冰球运动将会是青少年体育运动中的常态。各级教育、体育部门积极配合，共同推进冰雪运动进校园，积极落实国家"百万青少年上冰雪"和"校园冰雪计划"，加大对冰球运动基点校扶持力度和监督机制。我国需要因地制宜，打造区域特色，依托商业冰场以及学校自建冰场，开展冰球等冰雪运动项目，让广大青少年参与冰球运动，喜欢并爱上冰球运动，感受冰球运动的魅力。在家长层面上，应正确引导，多给青少年参与冰球运动的机会，不过多干预，对青少年参与冰球运动持积极鼓励的态度，促进青少年德智体美劳全面发展。个人层面，青少年要主动、积极参与冰球运动，养成自发训练的好习惯，正确认识冰球运动的输与赢、单兵作战与团队合作。一些综艺节目将冰球这种精英运动融入其中，再以更易被大众接受的方式呈现出来，提高了观众对冰球运动的关注度，使节目更加亲民。传播积极健康的生活方式和发展理念，有助于点燃青少年参与冰雪运动的热情。让冰雪运动在青少年中扎下坚实根基，体育强国的明天定将更加美好。

2. 运用媒体联动的传播途径，营造冰球运动文化氛围

新媒体和传统媒体的结合，综艺节目《大冰小将》采用传统媒体和新媒体相结合的方式通过电视、网络播出，还利用互联网+冰球运动的形式进行宣传推广，如通过微博、QQ、抖音、微信、百度、体育手游、抖音、keep、悦动圈等分享交流打冰球的视频、与冰球相关的规则、装备等视频。节目通过冰球与其他流行元素等结合的方式，使冰球运动的受众面更广。其次，节目选用普通家庭孩子，如果邀请明星的孩子，很难让普通观众产生共鸣，而全部选择素人可以让大家看到，原来有这么多普通家庭的孩子都在打冰球，他们也会想让自己的孩子去尝试，这有利于吸引爱好体育的潜在受众。总之利用媒体联动方式进行体育大众化推广意义重大。

随着冬奥会的开幕，所有和冬奥、冰雪相关的元素，都可以在短时间内达

到热度顶峰，且延续时间较长。而冰雪综艺可以通过寓教于乐的方式，使人们更加直观深入了解到冰雪项目，通过兴趣导向辅助线下冰雪项目消费的提升。利用娱乐明星和体育明星的影响力，运动冰雪运动专业性的基础上增加综艺娱乐效果，吸引更多的人参与到冰球运动中来，扩大冰球运动的影响范围，达到推广和宣传的目的，提高大众参与冰球运动的积极性和对冰球运动的认识，同时锁定长期稳定、有消费能力、有口碑传播能力的中产阶级家庭的冰球运动人群，培养青少年参与冰球运动的兴趣，促进冰球运动的健康可持续发展。

二、传播中国传统节日文化，讲好中国故事

（一）"冬奥+春节"文化的吸引力有助于提升国家软实力

文化吸引力是衡量一国文化软实力的具体指标之一。文化吸引力有两个来源：一是国家之间文化的同质性或异质性。同样的文化容易产生共鸣，比如欧美由于文化同源，价值观相似，容易形成共鸣。异质性容易吸引游客的好奇心理，东方在欧美人眼里被认为是神秘的国度，其异质性同样具有吸引力。二是该国文化的国际影响力，即文化在国际上的传播广度。世界如此之大，文化的多样性是客观存在的，东西方文化分属于不同文明体系，差异较大。异质文化之间实现顺利交流和传播，需要寻找共通性元素，从而降低跨文化传播难度，提升国家软实力。文化吸引力可以通过提升受众对传播内容的兴趣从而最大限度地争取对文化输出国的国际形象的认同。

北京在冬奥会期间是最吸引世界目光的奥林匹克文化传播中心和国际交往中心，2022年北京冬奥会期间，正值中国传统节日的春节，来自世界各地的运动员、教练员、记者等云集在具有东方特色的中国北京，体验一次不同寻常的中国春节文化盛宴，不仅能感受到中国传统春节的仪式感，还能在全球掀起"看冬奥，过大年"的风潮。这是一场以冰雪运动为主题的西方奥林匹克文化与中国传统文化互动与交融的契机，除旧迎新的年俗故事，中国春节民俗仪式、文化元素，对外表达的是中国人积极进取的生活态度，团圆、和谐的家庭观，天人合一的世界观，以此提升中国的文化自信和世界的认同度。

（二）"冬奥+春节"文化有助于国家开展文化外交

冬奥会期间，中国有效提升国家软实力的同时，间接夯实了推行文化外交的基础。中国以一场"无与伦比"的冰雪奥林匹克文化与中国春节文化交融的盛宴，欢迎来自世界各地的运动员、教练员、政府官员、新闻媒体来中国感受春节文化的气息，中国只有在维护和平和促进发展的同时，牢牢确立文明对话的战略，大力发展文化外交，才能在日益激烈的国际竞争中取得优势，赢得话语权。春节作为中国传承了几千年的重要传统节日，具有生生不息、代代相承的生命力和友好祥和、全民齐乐、阖家团圆的节日特性，借此表达了对奥林匹克运动大家庭成员的和睦相处、世界和平的美好祝愿。中国传统节日不涉及政治意识形态或者宗教信仰色彩，既迎合了国外受众的思维习惯，又给予了国外民众了解和参与中国传统节日的平台，展示了中国社会庆祝节庆、欢乐真实的一面。

（三）"冬奥+春节"文化是增进民族文化自信的重要源泉

2022年北京冬奥会在中国的春节期间举行，人类两大文化即春节文化与奥林匹克文化的交融将为这届冬奥会的带来不同寻常的独特文化体验。在北京举办一场全球瞩目的冬奥盛会，极大地振奋了民族精神，有利于团结海内外中华儿女为实现中华民族伟大复兴而奋斗，也有利于向世界进一步展示我国改革开放成就、和平发展主张，吸引世界各国的华人增强民族认同感。因此，要重视媒体的独特力量，在多元文化背景下感受中国传统文化的魅力，保留经典文化形式，加强形式创新，扩大春节品牌的知名度。首先，重视在传播内容方面下功夫，春节文化承载着家庭至上、欢乐齐聚的中国传统思想，春联、团圆饭、舞龙舞狮等文化形式要通过媒体和西方文化共融。其次，从冬奥村里中国传统美食呈现到整座城市丰富多彩的春节文化氛围的营造，北京冬奥会既展现出中国传统文化的流光溢彩，也体现出当代中国文化的生机盎然。

三、展现运动员拼搏精神，讲好中国故事

奥运会为各国运动员搭建了一个沟通的平台，各国运动员在赛场上奋力拼

搏、团结合作，弘扬了奥林匹克精神，体现了人类命运共同体在体育层面的构建。2022年北京冬奥会上，我国体育健儿不断超越自我，生动诠释了"更快、更高、更强、更团结"的奥林匹克格言。在中国青年冬奥精神分享会上，中国短道速滑队运动员武大靖说："这四年，命运曾经无数次想要逼我放弃，但我没有，我不仅没有放弃，还向它证明了我可以做到更好，我终于圆梦了。相信命运掌握在自己手里，迎难而上，必终有所获。"我国冬奥会优秀运动员利用媒体分享励志故事，向全国人民传递"为国争光"的拼搏精神，诠释"胸怀大局、自信开放、迎难而上、追求卓越、共创未来"的北京冬奥精神。

北京冬奥会自由式滑雪空中技巧女子项目冠军徐梦桃是第四次参加冬奥会，2010年温哥华冬奥会，徐梦桃位列第六；2014年索契冬奥会，徐梦桃获得银牌；2018年平昌冬奥会，徐梦桃失利，无缘奖牌。2022年北京冬奥会徐梦桃用坚韧、奋力拼搏的精神，完成了自己坚持20年的梦想，诠释着永不气馁、奋力拼搏的奥林匹克精神。在党的二十大会议上，作为优秀运动员代表的徐梦桃接受了采访，她说："有了党和国家搭建的舞台，才能让新时代的运动员有施展才干的舞台，进而实现梦想。我们一定要珍惜作为一名国家队运动员的荣誉，珍惜每一次训练、每一场比赛，脚踏实地地努力干，成为有能力、有专注力、有意志力的运动员，继续发扬北京冬奥精神，展现奥运健儿不畏强手、迎难而上的意志品质，踔厉奋发、勇毅前行，不断提高为国争光的真本事、硬实力，下苦功夫、下深功夫、下真功夫，努力在新征程上作出新的更大贡献，为全面建设社会主义现代化国家、全面推进中华民族伟大复兴贡献体育人的力量。"运动员是中华体育精神、北京冬奥精神的践行者、传承者，因此，要讲好优秀运动员的故事，用他们的故事和行动去感染、带动更多人。

四、讲好中国故事的冬奥使者

北京冬奥会的吉祥物"冰墩墩"可爱、治愈且极具感染力，其形象融合了传统文化和科技元素，契合互联网年轻圈层的审美心理，吸引全球关注，成为传递冬奥精神的形象大使。"冰墩墩"跨越了国界和语言，向世界展示着人类共同追求的团结、爱与温暖，是中国与世界对话方式的推陈出新，也是用中国方式讲好中国故事的生动体现。

"冰墩墩"火出圈源于日本记者辻冈义堂对冰墩墩"一见钟情"，自己变身"义墩墩"实力追星，以社交平台为主要媒介，在人际传播网络中实力推荐，成功将冰墩墩推向媒体瞩目高点。各国参赛选手也纷纷在社交媒体上表达对"冰墩墩"的喜爱，例如，捷克花样滑冰运动员娜塔莉·塔施莱罗娃、芬兰女子冰球运动员皮特拉·涅米宁在北京冬奥会期间多次在自己的社交媒体上发布与"冰墩墩"的合影及短视频。媒体工作者和参赛运动员促成了"意见领袖效应"，他们在社交平台上的发言及动态带动了其"粉丝"对"冰墩墩"的关注和追捧，冰墩墩成为中国文化输出的"顶流明星"，一时间可谓风光无限。

冰墩墩的爆红现象，体现了中国人日益增强的民族自信与文化自信，诠释了用大众文化讲好中国故事，不仅能够真实地展现中国形象，也能够推动我国文化产业高质量发展。大众文化传播要注重文化的差异和共性，借助海外人士讲好中国故事，要鼓励更多的海外人士以其国家、民族能够接受的方式讲述中华文化及其产品，提高中华文化在海外的影响力、知名度，展现中国精神和中国形象。通过冰墩墩讲好中国故事、传播中国声音，外国政要、媒体、运动员对冰墩墩的情感共鸣是国家对外传播能力进步的体现，也是中国文化软实力提升的佐证。

第五节　高素质公民形象的构建

国家形象是国际社会对一个国家的看法，是一个国家在世界上的口碑，除去政治形象、文化形象、城市形象外，公民形象也是国家形象的重要组成部分。一个国家公民素质如何、道德水平如何，直接影响到这个国家的形象。

冬奥会作为万众瞩目的全球性媒介事件，受到众多媒体的关注，而此时举办地体现出来的奥运精神与公民素质的高低会影响举办城市的国家形象。赛事期间，高素质的公民形象教育主要包括竞技场上做文明的运动员；在观众席上做文明观众；在奥运服务期间做文明志愿服务人员以及注重市民的整体形象。本研究从赛事志愿者形象和观赛者的形象两个方面阐述形象构建的策略。

一、志愿者赛事服务形象的构建

北京2022年冬奥会和冬残奥会赛会志愿者全球招募公告于2019年12月5日正式启动，公告中指出"赛会志愿者指由北京冬奥组委及其授权或委托的组织机构招募的、自愿为北京冬奥会和冬残奥会提供志愿服务，并在指定的时间、地点及服务岗位,参与赛时运行保障工作的人员"。北京冬奥组委计划招募2.7万名冬奥会赛会志愿者,1.2万名冬残奥会赛会志愿者。

大型赛事、赛会是我国现代志愿服务工作最早兴起的领域之一。1990年,我国举办第一个综合性国际体育大赛——北京亚运会,亚组委和共青团北京市委从高校和机关、企事业单位统一调动20万名共青团员,作为"义务服务人员"参与亚运会的运动员接待、环境整治等服务。随后,数百万青年志愿者先后为第三届远南残疾人运动会、第四届世界妇女大会、昆明世界园艺博览会等国际、国内大型活动提供了优质的志愿服务。

北京夏季奥运会志愿者项目自2005年6月5日正式启动,面向全社会普及奥林匹克知识、推广志愿服务理念,倡导奉献友爱精神。北京奥运会志愿服务人数达到170万人,被称为"鸟巢一代"。2008年北京奥运会、残奥会志愿服务工作的开展极大地促进了我国志愿服务的正规化、规模化发展。

志愿服务(volunteer service)是指任何人自愿贡献个人的时间和精力,在不以物质报酬为目的的前提下,为推动人类发展、社会进步和社会福利事业而提供的服务。2017年12月1日执行的《志愿服务条例》中指出,志愿服务是志愿者、志愿服务组织和其他组织自愿、无偿向社会或者他人提供的公益服务。让更多的青少年参与到奥运会志愿服务既是理念也是策略,这是一个双赢的事情。青少年在奥运志愿者服务中培育公共道德、养成公民价值观、实现社会参与,并回馈体育志愿服务事业。

在北京冬奥会赛会志愿者中,35岁以下青年占到94%,在校大学生是主要力量。赛会志愿者服务于所有的竞赛场馆和大部分的非竞赛场馆及服务设施,服务范围涵盖体育竞赛、场馆管理、语言服务、新闻运行等41个业务领域。

奥林匹克运动是一项以追求人类社会的和平、进步与团结为宗旨的公益事业,在经济全球化的大背景下、奥运会商业化的运作模式下,最能体现公益性的正是不计报酬、无私奉献的志愿者们。他们活跃在赛场内外,微笑面对来自四面八方的宾客,他们专业的服务水平和饱满的志愿热情,感染现场的每一个人,向世界各国人民展示北京热情好客的国际形象。而志愿者的行为通过大众媒体传递给受众,并对受众的行为产生影响,这是我国普及奥林匹克教育的良好契机,也是展现中国青年一代良好社会文明素养的时刻。

随着奥运会的结束,完成了赛事服务的志愿者回到各自的工作岗位上,但志愿者的精神和创造的价值将辐射到社会的各个领域与层面,并形成巨大的"志愿者资本",成为社会志愿服务的引领,推动人类发展、促进社会进步。

因此，奥运会志愿者的精神是永恒的，为文明社会留下了宝贵的财富。

二、现场观赛者的公民形象塑造

举办城市整体环境的维护与展示离不开市民的共同努力，而现场观众是市民中在冬奥赛场集中出现的，最直接也最容易接触到外界的城市社会整体形象展示的典型代表。现场观众突出展示了该城市的奥运文化形象、赛场形象和城市社会形象，是城市整体社会环境发展的形象名片。

现场观众是赛事的重要组成部分，是媒体无法替代的重要群体。他们是赛事的直接受众，对赛场气氛起到导向和衬托的作用，他们围绕赛事开展的一系列活动既满足了自身对于情感获得的需要，且对于赛事本身、赛场运动员都有一定的作用。平昌冬奥会，朝鲜啦啦队成为了一道亮丽的风景线，整体划一的服装和动作，渲染了比赛现场的气氛，啦啦队不仅为参赛的朝鲜队选手助威，还在韩国选手比赛时挥舞韩半岛旗高喊："我们是一家人"，得到现场韩国观众的热烈回应，在体育赛场展示了朝鲜与韩国同宗的文化根源，成为各国媒体关注的焦点，并以此作为朝韩关系改善的信号通过大众媒体传播到世界各地。

冬奥会的现场观众是指在冬奥会各项赛事的特定时间段内到达特定比赛地点观看比赛的受众。在现代奥运会中现场观众不仅仅是单纯的比赛观看者，也是现场气氛的烘托者。受新冠疫情的困扰，北京冬奥会采用"闭环"管理模式，北京冬奥组委明确表示不面向境外观众售票，仅面向境内符合疫情防控相关要求的观众售票，因此，大多数观众只能通过媒体观看比赛。北京冬奥会上我国运用多种转播新技术，如全程采用超高清数字转播技术，竞赛项目上使用了3D回放技术，这也是冬奥史上的第一次，部分赛事还运用了虚拟分析技术。60多台360度环拍摄像机打造的"子弹时间"式特效技术运用在自由式滑雪空中技巧和U型场地等项目，弥补了缺少现场观众的不足，使全球亿万电视观众体验到精彩激烈的体育比赛。

冬奥赛场给现场观众提供了城市形象的展示平台。举办冬奥赛事对于一个城市的整体环境提升有着极大的促进作用，能够促进举办地在原有的城市软件和硬件资源基础上大力建设。城市的基础设施更加完善，城市的生态环境更加美丽，城市的安全和谐氛围更加浓厚，促进了城市的精神文明建设，增加了城市的就业机会，拉动了相关产业的经济发展。尤其是京津冀地区的冰雪文化建设工作将上升一个高度，当地市民参与冰雪运动能够真切感受到冰雪文化，受众对于冰雪运动的理解也将上升一个层次，从而在冬奥会之际创造属于中国的冬奥冰雪文化。现场观众为了在国际大型赛会中给别人留下良好的印象，会注重对其自身的冬奥文化教育和培养，能够在观赛时营造出社会和谐、冰雪运动氛围浓厚的景象。二者共同促进了京津冀地区乃至全国范围内的社会形象建设，加快我国奥运事业的蓬勃发展，加强城市的精神文明建设，惠及群众冰雪体育发展，促进后奥运城市在经济、文化、生态等方面可持续性发展。

目前，我国的球迷文化已形成一定的气候，但冰迷文化尚未建立，要通过对现场观众的冰雪观赛文化培养打造属于我们自己的冰雪文化品牌。因此，要对于此类潜在人群进行挖掘和管理，定期组织其学习观赛礼仪，竞赛规则等知识，培养出一批专业冰迷，并通过他们影响更多的人。

对于以追星为目的观众来说，体育明星是对他们最大的吸引力。因此，在不影响运动员比赛的情况下，可以创造体育明星与粉丝的见面机会。对优势项目，有关注度较高的运动员的比赛场次进行大力宣传，拓宽宣传渠道。在明星与粉丝的见面交流中，发挥运动员奥运榜样的作用，让更多的粉丝通过向榜样学习，关注和参与冰雪运动，让追星成为一个意义积极的行为，少一些盲目跟从，多一些在冰雪运动传达出的正能量。

要借助此次冬奥会的契机，利用奥林匹克文化与举办地的文化互动，切实将冰雪运动融入大众的体育锻炼当中去，营造出和谐的冰雪运动文化。想要发展和普及冰雪运动文化少不了受众，而现场观众在这其中能够发挥出较大的传播能力，增加冰雪运动参与群众数量，培养我国的冰迷文化，从而带动冬奥文化在我国的进一步建设和本土化发展以及带动相关经济等领域的发展。进而培养出良好的冰雪体育观赛文化，建设出有中国特色的冰雪运动文化。

三、高素质公民形象构建策略

奥运精神的培养、公民素养的提升，既是全民的事情，也是政府的事情。对个人来讲，需要认真把握奥运精神，了解奥运会的宗旨、精神和规则。无论是运动员、服务人员，还是普通的观众、市民，都要按照奥运精神的要求调整自己的行为，努力提高自己的素养；对政府来说，需要多方面、多角度地宣传奥运精神，让奥运精神普遍为人所知，另外，还应通过制度建设来培育奥运精神，使人们更加自信、平等、独立、勇于参与、遵守规则，并奋发向上、积极进取。

民众对国家形象塑造的作用日趋重要，尤其信息时代的来临和互联网技术的进步，人人都可以成为信息的生产者，在观看赛事的同时，民众之间可以自由传递新闻报道等相关信息，因此，主流媒体要做好引导工作。而民众的思想水平、行为准则、民族精神等成为外界观察中国社会变迁和国家形象的切入口。因此，提升普通民众的国际传播意识，对中国国家形象塑造的意义重大。

第十章　中国国家形象传播的策略

中国文化如何在当前形势下以一种开放的心态与西方文化进行有机融合，是一个很严峻的现实问题。西方国家有目的地在全球实施文化殖民主义，而跨文化传播成功的关键在于找到两种不同文化的契合点，实现社会文化心理的接近。2022年北京冬奥会是中国冰雪运动发展史上重要的分水岭与里程碑，北京冬奥会创造了中国冰雪运动发展的辉煌，也就此开启中国冰雪运动的新时代。

2022年北京冬奥会通过"一起向未来"的成功实践，向全世界有力诠释了"构建人类命运共同体"的倡议。党的二十大报告将成功举办北京冬奥会，作为过去五年和新时代十年中，党和国家事业取得的一项标志性成果。广大冬奥参与者共同创造了胸怀大局、自信开放、迎难而上、追求卓越、共创未来的北京冬奥精神。在后冬奥时代，应进一步弘扬北京冬奥精神，从更广的视角、更深的层次，充分运用好北京冬奥遗产。

第一节　传播主体：不断完善多元化的传播主体

遵循"共建、共治、共享"理念，满足人民群众对美好生活的向往，提升公共服务水平。坚持和加强党的全面领导，举办大型体育赛事要凸显其公共性，谋求人民共享的长远利益。巩固好冬奥成果，传承利用好奥运遗产，为改善民生福祉、促进城市可持续发展、持续推动京津冀区域协同发展注入活力。

一、政府要做好国家形象的顶层设计

国家形象传播的主体包括政府、社会组织和公民。政府传播在国家形象建构和塑造中居于主导地位，掌握对外传播的整体战略和主流话语体系。首先，把握信息发布的权威性。政府是国家的法定代表，冬奥会从申办、筹办到举

办,都需要政府通过媒体发布的信息代表国家立场,阐明的是国家方针,它是国家行政行为在信息传播领域的延伸,在申办奥运会、北京八分钟,都出现了国家主席习近平的视频镜头,"我和亿万中国人民,欢迎全世界的朋友2022年相约北京",简短的话语,以国家政府的名义,传达的是2022年北京盛情邀请。其次,雄厚的资金支持。政府作后盾是其他社会组织无法比拟的,具有统筹协调,整合、优化公共资源的优势。无论是场馆建设还是冬奥会三个赛区的整体规划,都离不开政府的顶层设计,反映我国政府对举办冬奥会的全力支持,尤其是在大型体育赛事所需要的政策、资金支持。最后,国家和地方政府出台了一系列冰雪政策措施,保障北京冬奥会之后冰雪运动的可持续发展和政策执行落地,地方体育部门要使冰雪政策具有长期性和稳定性。

二、社会组织提升传播的专业化水平

在多元化的传播主体中,社会组织传播处于辅助地位,是政府传播的补充形式。社会组织包括承办冬奥会的北京奥组委、盈利的企业组织和媒体组织。国家奥委会是国家行政组织的延伸,实质在承担政府具体工作职能;企业组织主要通过赞助赛事传播品牌形象;媒体组织是整个国家传播所依赖的渠道,通过自身生产的信息产品传递国家形象。

北京冬奥组委作为临时机构,在北京冬奥会期间发挥了重要作用,培养了一批冬季项目专业人才,面向全国遴选和培养冬季项目国内技术官员,先后举办了54个专业知识与实战技能培训班,累计培养了4914名赛道执裁人员。面向体制外公开招募专业人才队伍,组建滑雪专业团队,有力地调动了社会力量参与冬奥会执裁工作。后冬奥时代,中国滑冰协会、中国滑雪协会将继续推进冰雪运动普及发展,承担培训社会组织人才专业化的重任。中国奥委会要与国际奥委会和国际体育组织在奥运理念中寻求共识,积极参与全球体育治理,进而增强中国体育的国际影响力。

媒体人员是国家形象建设的主力军。媒体报道影响着国际受众对中国的认知,媒体的专业能力和责任担当也关系到国家形象。北京冬奥会也是企业竞争的舞台,展现了中国企业自主创新的实力,冬奥会之后,要继续推进中国品牌企业国际化进程,加快"中国制造"向"中国创造"转变,提升企业品牌的国际影响力。

三、明确公民在国家形象建构中的主体地位

公民是微观层面的传播主体，通过志愿者服务、个人的信息平台互动传递奥林匹克精神，是中国履行承诺，对国际奥委会、对全世界负责任的体现。

提升公民素养不仅关系个人精神面貌，更涉及国家整体形象。志愿者不仅是外界了解中国和北京冬奥会的窗口，还是文化交流的使者，奥运会服务的志愿精神转化为社会服务的志愿精神将是北京冬奥会留下的重要遗产之一。

中华儿女具有以中华文明为底色的丰富而高雅的精神世界，从而成为中华文明的践行者和传播者。中华儿女需要积极利用各种平台和机会以"行动者"的身份在实践活动中遵循国际规则，以中华文明引导行动，用行动展示国家形象，延续北京冬奥精神。

后冬奥时代，要将政府、社会组织和公民有机结合起来，国家形象传播的战略才能更强大、更有力量。挖掘和利用北京冬奥会文化资源，在国际化传播中，讲好中国故事，传承弘扬北京冬奥精神。习近平总书记指出："人民对美好生活的向往，就是我们的奋斗目标。"面对人民日益增长和多元化的体育需求，冰雪产业也将迎来新的发展机遇。

第二节 传播格局：塑造和平发展与负责任大国的国际形象

塑造和传播良好国际形象的前提是要把握好中国在世界格局中的位置。冬奥会作为全球性体育媒介事件，使得北京又一次受到世界的关注。"和平发展""负责任大国"既是当代中国对自身角色、未来形象的定位，也是中国稳定与发展的基石，是国际社会对中国的好感和认同度升降的重要风向标。对外展示"求发展""爱和平"的国际形象的同时，更要加深国际社会对中国当下发展理念的理解和认同。

一、健康的中国形象

"带动三亿人参与冰雪运动"目标的实现，是北京冬奥会留给世界的宝贵

遗产，北京冬奥会为世界冰雪运动、冰雪产业的蓬勃发展提供了广阔空间，也为冰雪资源并不丰富的国家和地区贡献了创新性发展冰雪运动、推动产业升级的中国智慧和中国方案。

后冬奥会时代，政府在健康中国的形象传承中肩负着重要使命。首先，增加体育部门与教育部门的联动，依托大众媒体，鼓励和引导更多的青少年在参与冰雪运动过程中，掌握冰雪运动技能，在体验、互动、共享的氛围中感受冰雪运动所带来的快乐，树立健康的生活方式。其次，由冰雪运动明星担任冰雪运动普及与推广形象大使，通过明星进校园、进社区、冰雪文化展示等活动，普及冰雪运动项目，促进民众的广泛关注和全面参与，推动冰雪产业高质量发展。

要坚持以人民为中心，坚持大健康大体育理念，坚持全民健身和全民健康深度融合，全面提升国民身体素质。北京冬奥会场馆要有序向公众开放，推动冬奥成果全民共享。通过完善便民化城市体育基础设施建设增进民生福祉，提升城市的整体形象。

二、竞技体育的强国形象

在举世瞩目的北京冬奥会上，中国代表团克服各种困难，恶补我国冰雪项目短板，完成了全项目参赛，夺得9金、4银、2铜的冬奥会参赛以来最好成绩。竞技体育取得优异成绩，为中华民族伟大复兴提供了凝心聚气的强大精神力量。但当前我国冰雪竞技体育发展面临着"项目基础薄弱、发展不均衡""专业化标准化不足、职业化水平不高""专业人才队伍建设与快速发展的冰雪产业形势不相适应"等问题，要形成与现代化体育强国体系相适应的冰雪运动发展的新格局，还有很长的路要走。

中国的体育体制改革一直滞后于经济体制、社会体制改革，当前体育国际化发展趋势明显，大众对奥林匹克运动热情参与，对国际大众体育热潮主动投入，中国体育的改革和发展也必须顺应这一世界潮流。在和平时期，一方面，竞技体育作为树立国家形象的窗口，成为提高民族自豪感的有力方式和文化符号，在世界范围内被广泛推崇；另一方面，职业体育的全球化发展，逐渐打破了国家界限，吸引越来越多的冰雪运动员和教练员进行跨国流动。因此，为达成2035年中国建成体育强国的目标，要充分发挥北京作为传播奥林匹克精神的主阵地、中国特色大国外交核心承载地的优势，继续利用冬奥场馆，举办冰雪赛事，开展国际文化交流，吸引国际体育赛事入驻北京，打造以北京国际大都市为中心，带动京津冀地区成为冰雪体育赛事中心、冰雪旅游度假中心、冰雪运动休闲健身中心、冰雪用品的产业中心，并具有国际影响力，以此提升我国冰雪竞技水平。

三、科技的大国形象

科技创新是我国综合国力的重要体现，科技不仅助力冬奥赛事成功举办，也塑造了"科技中国"的国际形象。北京冬奥会向全球观众展示了科技应用在冰雪运动上的广泛前景，冬奥会举办期间展现出来的"云上传播""AR/VR观看""全场景移动直播"等技术使得"科技中国"形象潜移默化地植入了观众心中，进一步提升了中国科技强国的国际形象。后冬奥时代，利用技术进行国际传播的改进升级，拓展可能应用的场景，赋能国际传播的效率，为观众提供更美妙与更专业的观赛体验。通过对全球冰雪资源的充分整合以及国际间交流合作的持续加强，全面推进冰雪产业的可持续发展，促进中国与世界交流，为全球冬季运动以及冰雪产业创造更多价值。

第三节 传播手段：注重多种传播手段发挥作用

西方媒体在国际传播中占据垄断性地位。文化差异一直是中国国际传播的重大阻碍。西方对我国文化传播根深蒂固的偏见在短期内很难得以消除，在新媒体传播领域偏见也同样存在。

一、主流媒体设置议题，维护良好的国家形象

国际传播即通过大众传播媒介进行的跨越民族国家界限的信息传播及过程。在我国，国家媒体是国际传播的主要渠道，这是由中国媒体国家所有的性质决定的。新华社、人民日报、中央广播电视总台、中国日报等都是重要的担负对外传播任务的中国国家媒体，其不仅代表着媒体的立场，还在一定程度上反映了国家的态度。北京冬奥会期间，主流媒体积极设置议题，在对外传播方面取得了不错的成绩。后冬奥时代，首先，主流媒体仍需全面提高体育对外传

播能力,深度传播冬奥会相关议题,讲好中国体育故事,展现好中国形象,为人类命运共同体建构创造良好的国际舆论环境。其次,媒体评论性报道要更好地把握舆论导向。主流媒体借助冬奥会极力弘扬爱国精神、建构文化认同感。及时针对负面舆情发表评论,积极引导舆论,维护国家形象。最后,主流媒体通过报道典型人物塑造正能量形象。主流媒体报道我国优秀冰雪运动员在国际赛场的表现以及奋力拼搏、团结协作的精神,通过运动员的表现,展现中国的国家形象。

二、社交媒体发挥即时性和互动性传播

社交媒体的即时、交互传播更加符合受众碎片化的媒介接触习惯。冬奥会期间,体育领导域自媒体创作者制作了关于冬奥会生动形象且有亲和力的传播内容,丰富了冬奥会及中国形象的层次。如谷爱凌等体育明星通过其强大的媒体号召力,向世界展现了中国的体育文化和开放包容的大国形象,减少了冬奥会跨文化传播的障碍,提升了国际传播的效果。

奥运会这种大型体育赛事中,媒体的"单兵作战"并不能很好地体现出其新闻报道的能力,面对人力、物力、财力等各种制约,一家媒体又很难应对赛场的所有信息。因此,在当今媒介融合的时代,我们更提倡的是一种不同媒体之间各司其职、取长补短的传播格局。所谓各司其职,就是在对一次大型体育赛事进行报道时,媒体需要清楚自身的价值定位,明确此次报道工作的侧重点和关注点。国家官方媒体要尽可能以全面、客观、集中的报道为主;专业的体育类媒体可针对具体体育项目进行更详尽的评论与分析;娱乐属性较强的媒体可根据受众的娱乐化需求,在掌握好"度"的前提下,将侧重点放在场外的趣闻、花絮等上。媒体各司其职的过程,反过来即是媒体之间相互取长补短、优势互补的过程。只有这种循环不断起作用,才能顺利解决新闻同质化的问题。此外,这种局面还能使不同媒体之间形成良性竞争,新闻报道工作也才能更有效地实施。

第四节 传播内容:传递中国文化自信,增强国家影响力

国家形象是多层次的,包括文化形象、政治形象、经济形象、外交形象

等，其中传播文化形象是北京冬奥会肩负使命中的重中之重。如何向世界讲述中国故事、展示中华优秀传统文化，增强国家影响力，其重点在于国家形象传播内容的选择上，包括中国对传统文化的态度、当代文化的建设取向、未来文化的发展方向以及对奥林匹克文化的认知等。

一、传承中国传统文化，增强文化自信

传统文化是一个国家和民族的文化依据，也是国家和民族自尊自信的精神来源。因此，政府要发挥主导作用，做好顶层设计工作。要从思想上重视对于传统冰雪民俗体育文化的保护，充分发挥政府的引领示范作用，使我国优秀的传统体育文化更好地服务于体育文化建设。对于传统体育文化的传播和弘扬，积极制定战略规划，要把对于传统运动项目的保护、传播和继承工作上升一个高度。清朝的冰嬉文化展演，不仅仅是讲述中国悠久的冰雪运动历史，也体现我国冰雪文化吸收东西方文化的精髓，并加以融会贯通，是我国文化自信的表现和弘扬。充分挖掘我国冰雪文化的内在价值，是展现我国文化自信的重要方法。

二、中华文化与奥林匹克精神的交融，增强民族文化认同感

源自西方的奥林匹克运动融汇了和谐、团圆、吉祥、生生不息等中华文化元素，极大地丰富了奥林匹克精神。而奥运会是塑造现代中国形象的重要平台，也是中国参与全球文化的重要契机。文化认同感是中国人对民族和国家的情感依附和心理归属，北京冬奥会开幕式呈现出浓郁的民族文化属性特征以及当代中国人的家国情怀，唤醒了中国人血脉基因里与生俱来的对民族传统文化的认同感。因此中华文化与奥运精神的完美融合，既丰富和发展了奥林匹克文化，又推动了中华文化的创新。

三、人与自然和谐共生理念是中国融入全球文化的价值体系

未来中国的形象是要寻求中国文化与其他文化在价值、情感、审美和伦理层面的共振，逐步确立中国与外部世界积极互动的"文化生态平衡"，体现了中国坚定不移走生态优先、绿色低碳发展道路的历史自觉，展现出中国

积极参与全球气候和环境治理的责任担当。北京冬奥会是中国绿色发展理念的生动实践,为全球可持续发展树立了典范。后冬奥时代,中国将继续坚持走生态优先、绿色低碳的发展道路,彰显推动构建人与自然生命共同体的大国担当。

第五节 传播媒介:实现媒介体育话语权

一、重视体育媒介化的深刻影响

体育媒介化是媒体将体育现象中经选择过的信息、形象等内容制作为体育产品,再呈现给大众的过程。依赖当代体育与媒体深度融合的范式,体育媒介化深刻影响着当代体育的发展和走向,逐渐成为影响体育国际话语权的重要因素,有时甚至是决定性的因素。北京冬奥会由于受疫情的影响,不对境外观众售票,体育赛事主要通过媒体间接呈现在大众眼前,由此我们也看到了现代媒介对体育赛事传播的巨大影响力,全球各项体育重大事件的财政收入中,赛事转播权所占比例逐渐增大,体育媒介化的影响力日渐提升。

体育媒介化正给全球体育事件带来巨大的影响。争取更高的体育话语权已经成为国家提升自身国际竞争力的窗口或工具。为此需要大众传媒在体育重大事件中通过设置议程,形成评价规范,努力营造良好的体育舆论环境,为体育赛事不受外界影响,顺利进行提供保障。同时秉持开放和包容的传播姿态,以更加睿智的方式讲好中国故事,不断提升国际地位和国际话语权。

二、构建中国体育治理话语权

北京冬奥会我国主要通过三个方面提升体育话语权,一是通过全面参赛向世界展示我国竞技体育实力。二是通过举办冬奥会,向世界展示大国的精神风貌,宣传悠久历史文化,向世界传达和平、团结、共赢、成就、友谊和发展的价值观,以此展现社会制度的优越性。三是积极投入国际体育规则体系建设。利用北京冬奥会创造的有利条件,参与国际冬季运动体育治理规则的制定、直接或间接地参与国际冬季体育赛事管理与规则执行全过程,掌控主动权，维护体育国际秩序。

第六节　危机事件：恰当运用重大事件传播国家形象

危机事件具有时间突发性、过程不可预测性、后果严重性等特点。预定议程之内的事件具有可控性、直接影响赛事组织管理的特点。它们对国家形象的影响不同，因此政府和媒体对其采取不同的措施。

一、打破突发性危机事件的刻板印象，重塑国家形象

国际体育赛事中发生危机事件不可避免，关键是如何处理。首先，要建立完善的新闻发言人制度，正面引导社会舆论。赛事在面临天灾等危机事件时，要及时公开发布信息，为记者提供方便，保障他们的采访权和信息发布权，做到信息的公开透明。其次，加快反应速度，主动承担责任。及时、准确地将危机事件的真相告诉公众与媒体，最大限度地将危机的发展保持在可控范围内，由此掌握处理危机事件的主动权。最后，与媒体建立良好关系，正确引导舆论导向。制定有针对性的回应计划，保证冬奥会相关媒体能全面、迅速、客观地报道冬奥会，树立良好的对外形象。

二、要利用好全球性媒介事件的可持续性

北京冬奥会是由政府主导的国际议程设置，在传播效果方面获得了巨大成功，中国在国际话语权的争夺中占据了前所未有的主动，全球媒介事件所建构的正面的国家形象在冬奥会之后，也随之减退。因此要注重全球性媒介事件后续的形象维护。首先，及时公布冬奥会的后续信息。后冬奥时代，场馆运营信息要公开，用好奥运遗产，推动冬奥场馆赛后可持续利用，冬奥场馆要服务于大众体育和健身休闲，设置灵活运营模式，在特定时间段免费或低价向市民开放，并继续举办高水平体育赛事。真正落实通过举办冬奥会，解决中国老百姓的民生问题，推动冰雪体育产业政策的落地，完成我国举办冬奥会的目标。此外，还应完善冬季运动设施与场地供给，结合社区公园、

湖面、广场等休闲场所，积极拓展兼用型室外冰场，继续满足市民群众冬季运动需求。其次，设置于冰雪文化传播的重要议题，形成社会效益。通过冰雪综艺、冰雪电影、节庆旅游活动等宣传冰雪文化，创新发展模式，提升人民群众的获得感和幸福感使全民共享冬奥成果。

参考文献

注释

［1］高金萍. 跨文化传播：中美新闻文化概要［M］. 上海：复旦大学出版社，2006.

［2］关世杰. 国际传播学［M］. 北京：北京大学出版社，2004.

［3］张朝霞，黄昭文. 文化传播学［M］. 北京：中国人民大学出版社，2019.

［4］王大中，杜志红，陈鹏. 体育传播——运动、媒介与社会［M］. 北京：中国传媒大学出版社，2006.

［5］任海. 奥林匹克教育与跨文化传播［J］. 教育科学研究，2007（12）：5-7.

［6］肖焕禹，方立. 奥林匹克运动跨文化传播价值及其发展策略［J］. 上海体育学院学报，2008（2）：20-23.

［7］林小榆，李新欣. 跨文化传播视域下奥运会运动员的国家形象塑造——以2016里约奥运会中国运动员为例［J］. 北京体育大学学报，2018，41（02）：40-45.

［8］崔英敏，黄聪. 跨文化传播：武术文化传播发展的新视角［J］. 北京体育大学学报，2013，36（7）：36-40，46.

［9］刘有缘，黎桂华，石爱桥. "走出去"到"走进去"：新时代健身气功跨文化传播的思考［J］. 武汉体育学院学报，2019，53（3）：63-68.

［10］妥培兴. "一带一路"战略下民族传统体育跨文化传播的价值、困境及其消解［J］. 南京体育学院学报（社会科学版），2017，31（1）：13-17.

［11］艾险峰. 赛场语境下的体育跨文化交流［J］. 武汉体育学院学报，2012，46（12）：15-19.

［12］郭建宁. 中国文化强国战略［M］. 高等教育出版社，2012：138.

［13］骆郁廷. 文化软实力：战略、结构与路径［N］. 北京：中国社会科学出版社，2012：16-17.

[14] 姚红. 中国文化软实力提升研究[D]. 长春：东北师范大学，2018.

[15] 舒盛芳. 体育软实力及其构成要素和价值预判[J]. 山西师大体育学院学报，2008，23（4）：1-4.

[16] 龙建新，刘红建，孙庆祝. 软实力—文化软实力—体育文化软实力——兼论北京奥运会对我国文化软实力的提升[J]. 山东体育学院学报，2009，25（6）：4-7.

[17] 魏英莉，袁帅. 从北京奥运会看体育在国家软实力建设中的作用[J]. 吉林体育学院学报，2008，24（6）：1-3.

[18] 朱方. 文化传播与国家形象建构——以2008年北京奥运宣传为例[J]. 当代传播，2006（5）：84-85.

[19] Pop I, Kanovici A, Ghic G, et al. The Economic Effects of the Mega Sport Events on Tourism in the BRICS Countries Case [J]. Amfiteatru Economic, 2016, 18: 960-975.

[20] Cornelissen S.The Geopolitics of Global Aspiration: Sport Mega-events and Emerging Powers [J]. International Journal of the History of Sport, 2010, 27 (16-18): 3008-3025.

[21] Lane D.From Chaotic to State-led Capitalism [J]. New Political Economy, 2008, 13 (2): 117-184.

[22] Zhang L, Zhao X S. City branding and the Olympic effect: A case study of Beijing [J]. Cities, 2009, 26 (5): 245-254.

[23] Gold JR, Gold MM. "Bring It under the Legacy Umbrella": Olympic Host Cities and the Changing Fortunes of the Sustainability Agenda [J]. Sustainability, 2013, 5 (8): 3526-3542.

[24] Koch N.Sports and the city [J]. Geography Compass, 2018, 12 (2): e12360.

[25] Gronskaya N, Makarychev A.The 2014 Sochi Olympics and "Sovereign Power" A Political Linguistic Perspective [J]. Problems of Post-Communism, 2014, 61 (1): 41-51.

[26] Martin I M, Eroglu S. Measuring a Multi-dimensional Construct: Country Image [J]. Journal of Business, 1993, 3 (28): 191-120.

[27] Coakley J. Sport in Society: Issues and Controversies [M]. New York: McGraw Hill, 2003.

［28］Kunjin Luo. Review on Construction of National Image of China from Reprets by Western Media on the Olymic Games——Taking the 315 Reports in 《Reference News》 as the Analysis Target［J］. Asian Social Science，2009，5（8）：111-118.

［29］Zimako, Zimako O. Face of a Nation：Democracy in Nigeria, Foreign Relations and National Image［M］. Nigeria：Modern Approach，2009：295.

［30］郝全梅，侯肇庆. 奥运会媒介事件的价值探讨［J］. 山西大同大学学报，2007，1：53-55.

［31］肖焕禹. 体育传播学［M］. 北京：人民体育出版社，2011.

［32］刘媛媛，陈源. 大众传媒视野中的奥林匹克文化传播——基于符号学的夏季奥运会口号文本分析［J］. 南京体育学院学报（社会科学版），2016，30（2）：33-37.

［33］王琳. 想象中国：民族认同与中国现代性——2008北京奥运会开幕式的文化研究［J］. 广西师范大学学报（哲学社会科学版），2009，45（6）：78-81.

［34］曾庆香，张敏. 认同·娱乐·迷思——北京奥运会开幕式的符号分析［J］. 当代传播，2009（5）：21-23.

［35］汤筠冰. 被观看的中国国家形象——北京奥运会的视觉文化传播研究［J］. 体育与科学，2010，31（2）：20-24.

［36］袁书营，张颖. 从"东京8分钟"审视2022冬奥会的文化传播［J］. 北京体育大学学报，2018，41（3）：48-53.

［37］俞大伟，袁雷，朱景宏. 20世纪80年代中国体育外交的回眸与启示［J］. 南京体育学院学报（社会科学版），2017，31（1）：24-28.

［38］徐波. 跨文化沟通——国家形象的有效传播［M］. 上海：复旦大学出版社，2018.

［39］刘盼盼，刘纯献，冉祥华. 习近平主席索契冬奥会之行看体育与外交的相互融合［J］. 北京体育大学学报，2014，37（12）：1-6.

［40］杨伟芬. 渗透与互动——广播电视与国际关系［M］. 北京广播学院出版社，2000.

［41］管文虎. 国家形象论［M］. 成都：成都科技大学出版社，2000.

［42］刘继南，何辉. 中国形象［M］. 北京：中国传媒大学出版社，2006.

[43] 何茂春. 中国经济外交 [M]. 北京：中国人民大学出版社，2006.

[44] 胡晓明. 国家形象 [M]. 北京：人民出版社，2010.

[45] 李凯. 全球性媒介事件与国家形象的建构和传播 [D]. 上海：复旦大学，2005.

[46] 董小英，李其，师曾志，等. 奥运会与国家形象：国外媒体对四个奥运举办城市的报道主题分析 [J]. 中国软科学，2005（2）：1-9.

[47] 万晓红. 奥运传播与国家形象建构 [M]. 武汉：华中科技大学出版社，2014.

[48] 易剑东. 北京奥运会中国体育代表团的形象塑造与媒体应对 [J]. 上海体育学院学报，2007（4）：1-7.

[49] 安瑀. 大型城市媒体事件如何有效传播国家形象——以索契冬奥会开幕式"五环变四环"事件为例 [J]. 东南传播，2017（8）：130-132.

[50] 郭帆. 探析俄罗斯体育赛事与国家形象展示的差异 [J]. 传媒论坛，2018，1（10）：156-157.

[51] 刘东锋. 冬奥会对国家形象与软实力的影响机制研究 [J]. 体育学研究，2019，2（1）：17-25.

其他文献

[52] Auruskeviciene V, Pundziene A, Skudiene V, et al.Change of Attitudes and Country Image after Hosting Major Sport Events [J]. Inzinerine Ekonomika-Engineering Economics, 2010, 21（1）：53-59.

[53] Yamashita T.Indeterminate nationalism represented in the last twentieth century Olympic Games, the 1998 Nagano Winter Olympics [J]. International Journal of the History of Sport, 2011, 28（16）：2323-2338.

[54] Merkel U, Kim M.Third time lucky!? PyeongChang's bid to host the 2018 Winter Olympics - politics, policy and practice [J]. The International Journal of the History of Sport, 2011, 28（16）：2365-2383.

[55] Edelson N.Inclusivity as an Olympic Event at the 2010 Vancouver Winter games [J]. Urban Geography, 2011, 32（6）：804-822.

[56] Grix J. "Image" leveraging and sports mega-events: Germany and the 2006 FIFA World Cup [J]. Journal of Sport & Tourism, 2012, 17（4）：

289-312.

[57] 罗时铭, 曹守和. 奥林匹克学（第三版）[M]. 北京：高等教育出版社, 2016.

[58] 陈龙, 陈一. 视觉文化传播导论[M]. 上海：上海三联书店, 2006.

[59] 单波, 刘欣雅. 国家形象与跨文化传播[M]. 北京：社会科学文献出版社, 2017.

[60] 安然. 跨文化传播与适应研究[M]. 刘志兵, 译. 北京：中国社会科学出版社, 2011.

[61] 吴为善, 严慧仙. 跨文化交际概论[M]. 北京：商务印书馆, 2009.

[62] 李彦冰. 政治传播视野中的中国国家形象构建[M]. 北京：中国社会科学出版社, 2014.

[63] 胡文涛. 文化外交与国家国际形象建构[M]. 北京：中国社会科学出版社, 2015.

[64] 陈卞知. 跨文化传播研究[M]. 北京：中国传媒大学出版社, 2004.

[65] 杨珍. 当代中国文化身份建构——基于奥运传播的视角[M]. 北京：北京体育大学出版社, 2011.

[66] 孔繁敏. 奥林匹克文化研究[M]. 北京：人民体育出版社, 2005.

[67] 任海. 奥林匹克运动[M]. 北京：人民体育出版社, 2005.

[68] 任海. 国际奥委会演进的历史逻辑——从自治到善治[M]. 北京：北京体育大学出版社2013.

[69] 易剑东. 大型赛事报道与媒体运行[M]. 杭州：浙江大学出版社, 2008.

[70] 胡正荣. 传播学总论[M]. 北京：北京广播学院出版社, 1997.

[71] 庄晓东. 文化传播：历史、理论与现实[M]. 北京：人民出版社, 2003.

[72] 王瑞元, 米靖. 我国冬奥会优势项目制胜规律[M]. 长春：东北师范大学出版社, 2015.

[73] 王仁周, 朱志强. 冬季奥林匹克运动[M]. 北京：人民体育出版社, 2005.

[74] 唐东阳. 体育发展与国家形象间的关系研究[M]. 北京：光明日报出版社, 2015.

[75] 俞可平. 全球化：西方化还是中国化[M]. 北京：中国社会科学出版社, 2002.

[76] 刘桂海. 体育政治化研究[M]. 上海：上海社会科学出版社, 2015.

[77] 金元浦. 中国文化概论 [M]. 北京：中国人民大学出版社，2015.

[78] 王爱冬. 权力与西方国际关系理论 [M]. 北京：中国社会科学出版社，2010.

[79] 孙英春. 跨文化传播学导论 [M]. 北京：北京大学出版社，2008.

[80] 陈卫星. 国际关系与全球传播 [M]. 北京：北京广播学院出版社，2003.

[81] 罗伯特·希斯. 危机管理 [M]. 王成，宋炳辉，金瑛，译. 北京：中信出版社，2004.

[82] 吴瑛. 文化对外传播：理论与战略 [M]. 上海：上海交通大学出版社，2009.

[83] 提莫斯·库姆斯. 危机传播与沟通 [M]. 台北：风云论坛出版社，2003.

[84] 李正国. 国家形象构建 [M]. 北京：中国传媒大学出版社，2005.

[85] 秦亚青. 文化与国际社会：建构主义国际关系理论研究 [M]. 北京：世界知识出版社，2006.

[86] 王众一，朴光海. 日本韩国国家形象的塑造与形成 [M]. 北京：外文出版社，2007.

[87] 亨廷顿. 文明的冲突与世界秩序的建构 [M]. 杭州：浙江人民出版社，1998.

[88] 丹尼尔·戴扬，伊莱休·卡茨. 媒介事件 [M]. 麻争旗，译. 北京：北京广播学院出版社，2000.

[89] 萨义德. 文化与帝国主义 [M]. 李琨，译. 北京：生活. 读书. 新知三联书店，2003.

[90] 汤林森. 文化帝国主义 [M]. 冯建三，译. 上海：上海人民出版社，1999.

[91] 胡百精. 危机传播管理 [M]. 北京：中国传媒大学出版社，2005.

[92] 李彬. 媒介话语 [M]. 北京：新华出版社，2005.

[93] 王丽娟. 全球化与国际政治 [M]. 北京：中国社会科学文献出版社，2008.

[94] 李希光，周庆安. 软力量与全球传播 [M]. 北京：清华大学出版社，2005.

[95] 刘建明. 舆论传播 [M]. 北京：清华大学出版社，2001.

[96] 王家福，徐萍. 国际战略学 [M]. 北京：高等教育出版社，2005.

[97] 孙英春.跨文化传播学[M].北京：北京大学出版社，2015.

[98] 宁骚.公共政策学（第二版）[M].北京：高等教育出版社，2011.

[99] 茹秀英.国际奥委会组织变革与发展的研究[D].北京：北京体育大学，2004.

[100] 汤筠冰.跨文化传播与申奥片的国家形象建构[D].上海：复旦大学，2008.

[101] 李振.跨文化传播视野下奥运会体育展示的研究[D].扬州：扬州大学，2010.

[102] 王坤.大国成长背景下的中国国家形象塑造问题研究[D].济南：山东大学，2013.

[103] 县祥.当代中国国家形象构建研究[D].成都：西南财经大学，2011.

[104] 刘艳房.中国国家形象战略与国家利益实现研究[D].石家庄：河北师范大学，2008.

[105] 赵玉霞.论中国公共外交对中国国家形象的塑造[D].广州：暨南大学，2007.

[106] 李明明.全球化下中国国家形象塑造[D].重庆：西南政法大学，2009.

[107] 陈冲.中国国家领导人的媒介形象研究[D].南昌：南昌大学，2014.

[108] 揭晓.全球化背景下的中国国家形象战略[D].广州：暨南大学，2006.

[109] 赵英.21世纪初中国国家形象的优化战略[D].吉林：吉林大学，2007.

[110] 顾玉章.论软实力与中国国家形象塑造[D].秦皇岛：燕山大学，2012.

[111] 董青岭.论全球化背景下国家形象的建构[D].济南：山东师范大学，2006.

[112] 曾诚，邓星华.北京冬奥精神与新时代中国国家形象建构研究[J].武汉：武汉体育学院学报，2022，56（8）：22-27.

[113] 岳游松，杨珍.流动、坚守与认同：奥林匹克运动全球传播的文化协商范式[J].成都：成都体育学院学报，2015，41（2）：40-43.

[114] 高莹.用大众文化讲好中国故事[J].人民论坛，2019（29）：138-139.

[115] 谭清芳.体育文化传播与国家形象构建[J].武汉体育学院学报，2014，48（2）：17-20.

[116] 王成，田雨普.奥林匹克仪式变迁及其当代价值[J].体育文化导刊，2008，12：42-55.

[117] 宋宗佩，邓星华. 全球化视角下体育提升中国国家形象的策略[J]. 体育学刊，2014，21（5）：21-24.

[118] 黄旻旻. 跨文化传播视角下的奥运会体育展示的理论和实践研究[D]. 北京：北京体育大学，2013.

[119] 王秀丽，贾哲敏. 全球体育赛事与国家形象[J]. 中国地质大学学报：社会科学版，2011，11（2）：97-101.

[120] 夏国滨，董欣，朱红. 冬奥会亚冬会和全国冬运会项目设置的特点及优化策略[J]. 体育文化导刊，2012（11）：45-49.

[121] 阚军常，张宏宇，董宇，等. 都灵、温哥华、索契冬奥会文化创意的比较分析[J]. 首都体育学院学报，2015，27（6）：546-551，571.

[122] 于晓光，戈炳珠. 温哥华冬奥会自由式滑雪空中技巧赛后的思考[J]. 沈阳体育学院学报，2010，29（2）：11-14.

[123] 牛雪松，白烨. 备战22届冬奥会国家自由式滑雪空中技巧运动员体能训练过程生化监控的研究[J]. 沈阳体育学院学报，2015，34（4）：86-91.

[124] 李小兰，阚军常，张宏宇. 北京2022年冬奥会背景下我国滑雪产业转型升级研究[J]. 体育文化导刊，2018（3）：82-86.

[125] 邱雪. 冬奥会与举办城市互动关系研究[J]. 中国体育科技，2018，54（5）：13-17.

[126] 董军. "国家形象建构与跨文化传播战略研究"开题会综述[J]. 现代传播（中国传媒大学学报），2012，34（1）：121-123.

[127] 李卫东，周宏刚. "跨文化传播中的中国国家形象建构研究"开题会综述[J]. 现代传播（中国传媒大学学报），2012，34（1）：123-125.

[128] 项久雨. 硬实力与软实力的关系之辨[J]. 武汉大学学报：哲学社会科学版，2010（6）：812-817.

[129] 胡键. 文化软实力研究：中国的视角[J]. 社会科学，2011（5）：4-13.

[130] 秦亚青. 全球治理失灵与秩序理念的重建[J]. 世界经济与政治，2013（4）：4-18，156.

[131] 孟娇娇. 讲故事 塑形象：塑造国家形象的公共外交叙事研究[J]. 上海对外经贸大学学报，2016，01：68-78.

[132] 吴飞. 流动的中国国家形象:"中国威胁论"的缘起与演变[J]. 南京社会科学, 2015(5): 7-16.

[133] 吴建民, 胡正荣, 赵月枝, 等. 国家形象与讲好故事[J]. 人民论坛, 2015, 01: 48-53.

[134] 陈永斌. 当代中国国家文化形象的系统塑造及其话语生成[J]. 社会科学线, 2015, 04: 271-274.

[135] 甄媛圆, 缪佳. 英国体育政策的嬗变及启示[J]. 西安体育学院学报, 2015, 32(3): 264-268, 277.

[136] 唐丽, 吴希林, 刘云. 英国竞技体育人才培养及启示[J]. 体育与科学, 2014, 35(5): 80-84.

[137] 陈珊, 肖焕禹. 伦敦奥运周期英国体育政策研究[J]. 体育文化导刊, 2013(12): 18-20.

[138] 卢文云, 陈宁, 龚文平. 英国高水平竞技体育人才培养的LTAD模式研究[J]. 体育与科学, 2013, 34(5): 62-68.

[139] 王英峰. 英国体育管理及体育政策的演进研究[J]. 天津体育学院学报, 2011, 26(3): 251-254.

[140] 汤际澜. 英国公共服务改革和体育政策变迁[J]. 南京体育学院学报: 社会科学版, 2010, 24(2): 43-47.

[141] 李远乐, 张海军. 英国竞技体育振兴之路探究[J]. 山东体育学院学报, 2009, 25(2): 1-3.

[142] 徐通, 孙永生, 张博. 英国"社会投资型国家"体育政策研究[J]. 沈阳体育学院学报, 2008(5): 28-30.

[143] 徐通. 英国福利制度与大众体育政策演变[J]. 体育文化导刊, 2008(4): 110-111, 118.

[144] 齐红梅, 朱宝峰, 朱红. 冬奥会竞技强国地域分布特征及对我国的启示[J]. 体育文化导刊, 2013(10): 59-62.

[145] 毕雪梅. 奥林匹克文化: 从精英走向大众[J]. 体育文化导刊, 2006(1): 31-33.

[146] 赵勇. 大众文化[J]. 外国文学, 2005(3): 66-73.

[147] 代进军, 吕延利. 奥运经济管窥[J]. 山东体育科技, 2005(2): 41-42, 45.

［148］苏斌.西方大众文化研究的历史脉络［J］.山东商业职业技术学院学报，2005（1）：63-66.

［149］程良.奥林匹克精英体育制度背后的"以人为本"价值取向［J］.长春师范学院学报，2011，30（12）：71-74.

［150］郎玥，黄亚玲.论顾拜旦的精英主义［J］.体育文化导刊，2017（5）：186-191.

［151］罗建章.试析奥林匹克2020议程［J］.体育文化导刊，2015（6）：1-4.

［152］张士伟.谈20世纪初海外中国学院的建立与推广［J］.教育探索，2010（8）：149-150.

［153］赵启正.加强公共外交，建设国际舆论环境［J］.对外大传播，2007（4）：22-23.

［154］吴卫民，石裕祖.中国文化"走出去"路径探析［J］.学术探索，2008（6）：108-114.

［155］石晓宇.体育外交视域下朝韩关系的缓和及发展方向［J］.中共济南市委党校学报，2018（2）：93-96.

［156］唐英.非语言传播缺失下的网络人际传播［J］.当代传播，2009（2）：73-74.

［157］赵高辉.社会转型时期的中国人际传播研究［J］.新闻大学，2010（2）：152-156.

［158］李先灵."E时代"中国特色社会主义理论的传播策略［J］.学习月刊（中旬刊），2010（11）：7.

［159］肖永明，张天杰.中国文化软实力建设中的对外文化传播［J］.现代传播，2010（5）：6-10.

［160］黄志坚，于兴义，张晓明，等.创新文化走出去的模式［J］.时事报告，2010（2）：36-47.

［161］汤天甜.论中国国家形象宣传片的文化公关与价值输出［J］.南京社会科学，2011（3）：113-117，149.

［162］刘静.软实力视域下传统文化输出的问题与对策［J］.河南大学学报：社会科学版，2011，51（2）：117-121.

［163］李松.中国文化"走出去"的几点建议［J］.中国出版，2011（4）：60-62.

［164］王佳英. 交际文化对跨文化交际能力的影响［J］. 绥化学院学报，2010，30（5）：111-113.

［165］骆玉安. 关于实施中华文化走出去战略的思考［J］. 殷都学刊，2007（2）：153-156.

［166］李政霖，董欣. 北京冬奥会危机公关策略研究——以索契、平昌冬奥会危机事件为例［J］. 冰雪运动，2019，41（5）：1-4.

［167］冬奥冬残奥冠军讲述励志故事［N］. 今晚报，2022-04-15.

［168］徐梦桃：新时代是奋斗拼搏者的舞台［N］. 中国体育报，2022-11-07.

［169］李建军. 中华文化走出去新视角［J］. 新疆师范大学学报：哲学社会科学版，2015，36（4）：85-91.

［170］梅春英，黎丽. 中华文化走向世界面临的问题及其对策［J］. 绍兴文理学院学报，2015，35（3）：113-116，120.

［171］胡逢祥. 开放时代的中外文化交流与国民意识［J］. 探索与争鸣，2010（12）：66-69.

［172］杨柏芳，刘冬冰，靖文. 冬季奥运会与城市发展演进［J］. 体育文化导刊，2014，8：173-176.

［173］迟野，慈鑫. 俄罗斯找到重振体育雄风之路［N］. 中国青年报，2014-4-24.

［174］高燕，周剑，董欣. 社会燃烧理论视域下冬奥会危机事件形成机理及应对策略——以俄罗斯遭禁赛事件为例［J］. 冰雪运动2021，43（4）：1-6.